Ranqi Hangye
Falü Shiwu

燃气行业法律实务

郭 娟 江海燕 黎永丰 / 著

中国法制出版社
CHINA LEGAL PUBLISHING HOUSE

前　言

伴随着改革开放的进程，中国的燃气事业不断发展，尤其是以天然气为主的城市燃气发展日新月异。根据国家发展和改革委员会、国家能源局组织编制的《天然气发展“十三五”规划》显示：天然气在一次能源消费结构中占比逐步提高，“十二五”期间年均增长12.4%，累计消费量约8300亿立方米，是“十一五”消费量的2倍，2015年天然气在一次能源消费中的比重从2010年的4.4%提高到5.9%；天然气基础设施布局日益完善，全国城镇天然气管网里程达到43万公里，用气人口3.3亿人，建成压缩天然气/液化天然气（CNG/LNG）加气站6500座，船用LNG加注站13座。

伴随着燃气事业的发展，有关燃气行业的立法也得到了长足的发展。从部门规章层次的《城市燃气管理办法》《城市燃气安全管理规定》到行政法规层次的《城镇燃气管理条例》，从原建设部《市政公用事业特许经营管理办法》到国家发展和改革委员会等六部委《基础设施和公用事业特许经营管理办法》，见证了燃气行业立法的发展轨迹。

燃气企业、燃气用户、燃气主管部门以及其他市场交易主体、利益相关方围绕燃气行业开展活动涉及的法律问题，既有与其他行业共性的法律问题，也有基于其产品特性、服务特点显现的个性法律问题。在合同关系方面，除专门适用合同法“供用气合同”相关法律条款外，还存在继续性、“照付不议”等值得讨论的问题；在行业准入方面，经营许可与特许经营权问题交织在一起；在行业改革方面，非垄断环节的竞争与反垄断影响日趋深入。

本书作者从事燃气行业法律实务十多年，试图围绕燃气行业的个性法律问题，从一般基础理论、典型案例层面开展，为燃气企业从业人员、相关主管部门人士、燃气专业院校学生呈现燃气行业在法律适用、法律争议方面的一个概貌，加深对燃气行业法律实务的认识，为自身的工作、学习提供一个参考。

囿于资料、学识所限，作者对燃气行业诸多法律问题论述的广度、深度仍显不足，对相关案例的分析、归纳仍有欠缺。期望本书的付梓面世，能起到抛砖引玉的作用，引起更多行业相关人士对燃气行业法律问题的关注、探讨，欢迎各位专家、读者不吝赐教，批评指正。

作　者

目　　录

附录

第一章　供用气合同

一、供用气合同概述

供用气合同是供应人向使用人供应燃气，使用人支付价款的合同，本质上是一种特殊类型的买卖合同。但是，1999 年颁布实施的《中华人民共和国合同法》分则在第九章买卖合同之外，还在第十章将供用电、水、气、热力合同列为单独的一类有名合同，主要是因为这类合同本身与一般买卖合同相比具有自身的特殊性。供用气合同具有如下特征：

其一，合同标的物特殊。气属于无形物，具有看不见、摸不着，却又是客观存在的特性，可以成为买卖合同的标的物。

其二，供气方是特殊主体。《城镇燃气管理条例》第十五条规定“国家对燃气经营实行许可证制度”，供气方只能是依法取得燃气经营许可证的燃气企业，其他任何单位和个人都不得作为供气方。

其三，属于继续性合同①。由于气的供应与使用均是连续的，不是一次性就能结束的，合同的履行方式处于一种持续状态。供气方在正常情况下，应当连续向使用方供应，不得中断；使用方在合同约定的期限内，一般享有连续使用的权利。《城镇燃气管理条例》第十七条规定“燃气经营者应当向燃气用户持续、稳定、安全供应符合国家质量标准的燃气”。

在履行方式方面，供气、供水、供热合同有一个共同特点，都是通过管

---

① 王泽鉴先生认为，瓦斯、自来水、报纸或鲜乳等的供给属于继续性供给契约。参见王泽鉴：《债法原理》，北京大学出版社 2009 年版，第 104 页。

道来完成交付，交付后具有不可逆性，无法退货。即在合同解除的情况下，无法恢复原状。

其四，一般是格式合同。一个城市的燃气用户少则几万，多则几十万，甚至几百万。供气方与用气方按照格式条款订立合同，既有利于节约交易时间，降低交易成本，又有利于供气方集中精力做好运营管理。在某天然气有限公司与某铝业有限公司供用气合同纠纷案中，法院就认为：本案所涉的供用气合同系公用事业，关系到广大使用者的日常生活，为适应大量交易的需要，预先拟定格式条款，双方当事人按照格式条款订立合同，有利于降低交易成本①。

鉴于供气合同存在格式条款，或者完全是格式合同，往往成为监管的重点对象。各地的合同监督管理法规、规范性文件一般都把供气合同列为需要强制备案的合同类型之一。比如，《四川省合同监督条例》第二十一条规定，供电、供水、供气合同文本含有格式条款的，格式条款提供方应当在首次使用30日前报所在地县级以上工商行政管理部门备案。《四川省工商行政管理机关格式条款备案监督办法》第六条规定，含有格式条款的供电、供水、供气合同文本为强制备案合同文本，提供方应当在首次使用日的30日之前向管辖地备案机关提出首次备案申请；已备案的格式条款需要变更的，提供方应当在使用日的15日之前向原备案机关提出变更备案申请。未依法备案的，需要承担相应后果。《四川省合同监督条例》规定，格式条款应当备案而未备案或者未按要求修改备案的，由工商行政管理部门责令其限期改正；逾期不改正的，处以1万元以上5万元以下的罚款。

就供气合同而言，居民用户一般采取格式条款形式签订；而非居民用户，特别是大工业用户，往往有比较强的谈判能力，实践中一般能经双方协商一致后签订。

对于燃气企业而言，应认真评估自身合同文本是否存在加重消费者责任、免除自身责任等类型的格式条款，以免产生行政处罚风险。例如，有的燃气企业就纠纷管辖拟订条款为“凡因本合同引起的或与本合同有关的任何争议，

① 参见中国裁判文书网，案号：(2016) 沪0116民初1361号。

由双方协商解决，或由燃气主管部门调解。协商、调解不成时，任何一方均应向供气人所在地人民法院提起诉讼”就涉嫌排除用户权利，市场监管部门往往认为本条款排除了用气方对于管辖法院的选择权。燃气企业将其改为“向有管辖权的人民法院通过诉讼途径解决”更为妥当，或者直接增加仲裁这一解决途径供用户选择填写会更好。再如，四川省工商局曾发布一个涉及燃气企业免除自身责任的典型案例：在某天然气公司与天然气用户签订的开户及供用气协议中，含有“供气方临时、短时间检修燃气设施停气未通知用气方，供气方不承担违约责任”的格式条款。媒体分析认为：《城镇燃气管理条例》第二十条规定：“管道燃气经营者因施工、检修等原因需要临时调整供气量或者暂停供气的，应当将作业时间和影响区域提前48小时予以公告或者书面通知燃气用户，并按照有关规定及时恢复正常供气；因突发事件影响供气的，应当采取紧急措施并及时通知燃气用户。”供气人负有通知义务，如不依法提前通知用气人即属于违约行为，应承担违约责任。该格式条款免除了经营者违反通知义务时的违约责任。① 事实上，“不依法提前通知用气人”并不属于违约行为，提前通知是燃气企业的法定义务，并非合同义务。

其五，供气方负有提供普遍服务的义务。对于具备供气条件的用户，燃气企业不得拒绝交易。《城镇燃气管理条例》第十八条规定，燃气经营者不得“拒绝向市政燃气管网覆盖范围内符合用气条件的单位或者个人供气”。

但是，在申请用户存在安全隐患的情况下，燃气企业有权要求其整改后才予以供气。例如，张某与某燃气公司供用气合同纠纷案中，原审法院经审理认为：天然气作为一种特殊的商品，燃气公司应当按照国家规定的供气质量标准和约定安全供气。用气人应当按照国家有关规定和当事人的约定安全用气。《城镇燃气管理条例》第二十八条规定：“燃气用户及相关单位和个人不得有下列行为：……（三）安装、使用不符合气源要求的燃气燃烧器具……”张某未能提供自己使用的天然气灶具的合格证、气源适配性报告，证明其自己使用的天然气灶具是安全的。根据《最高人民法院关于民事诉讼证据的若干

---

① 田乐：《四川省工商局加大格式条款监督力度，公布6大典型案例》，载《消费质量报》2014年7月22日第7版。

规定》的规定："当事人对自己提出的诉讼请求所依据的事实或反驳对方诉讼请求所依据的事实有责任提供证据加以证明。没有证据或者证据不足以证明当事人的事实主张的，由负有举证责任的当事人承担不利后果。"故张某应承担举证不能的后果。而燃气公司为了公众安全，在张某不能提供相关证明的情况下，拒绝给其办理购气相关手续，并无不当，故对其要求燃气公司办理用气手续并保证正常用气的请求不予支持。二审法院也认为：在上诉人未能提供其使用的天然气灶具的合格证、气源适配性报告证明其使用的天然气灶具安全的情况下，被上诉人依据现行有效的《城镇燃气管理条例》及市人民政府办公厅《关于进一步加强我市住宅项目管道天然气工程管理的通知》的相关规定，为了保证安全，未给其办理购气相关手续，并无不当。①

其六，价格属于政府定价。绝大多数商品的买卖，价格都是由交易双方协商确定。但是，鉴于公用事业的特点，管道燃气企业的供气价格一般属于政府定价，受到政府的严格监管，价格的制定、调整都必须经过法定程序。即便是市场竞争比较充分的瓶装液化石油气，早期一般也是政府定价或政府指导定价，近几年才陆续放开价格管制。

二、供用气合同纠纷案由

在司法实践中，不少法院把供用气合同纠纷看成一个大箩筐，在立案时把一些不尽符合供用气合同特征的合同纠纷也往里装，值得商榷。究其原因，仍是对供用气合同特征缺乏深入的了解。

1. 把燃气以外的气体买卖合同误作供用气合同

供用气合同里的"气"，特指燃气。而河南中成机电集团有限公司与无锡新三洲特钢有限公司供用气合同纠纷、宿迁市江南气体制造有限公司与宿迁市益远钢结构有限公司供用气合同纠纷、河间市光明氧气经销站与权某供用气合同纠纷等诸多案件②涉及的气都是氧气、二氧化碳、氩气等气体，实质上

① 参见中国裁判文书网，案号：(2014) 巴民二终字第42号。

② 参见中国裁判文书网，案号分别为：(2013) 苏商终字第0203号、(2014) 宿豫商初字第0409号、(2014) 沧民终字第2964号。

是一般的买卖合同，不属于《中华人民共和国合同法》规定的供用气合同。

2. 把供用热合同误作供用气合同

供用热合同和供用气合同都是供用合同类型的一种，供用蒸汽应属于供用热合同，而非供用气合同，此“汽”非彼“气”。海安县永新纺织整理厂与海安华新热电有限公司供用气合同纠纷、中山市民众众力热能有限公司与麦某某供用气合同纠纷等案件①，均是误把供用蒸汽列为供用气合同。

3. 把涉及安装费（初装费）纠纷误作供用气合同纠纷

对于一些涉及安装费（初装费）纠纷，有的法院立案时将其列为委托合同纠纷，有的列为加工承揽合同纠纷，有的列为施工合同纠纷，还有的则列为供用气合同纠纷。比如，陈某某与某天然气有限责任公司供用气合同纠纷案，法院认为：原、被告虽然没有签订书面合同，但原告向被告交纳了天然气入户安装费，双方之间形成事实上的供用气合同。被告应当在收取安装费后的合理时间内按照安全标准给原告安装天然气入户管道。现由于被告安装天然气管道时，钻孔输入原告家中的天然气管道与墙上电线之间距离不符合安全规定，存在安全隐患，故原告要求被告排除妨碍、消除危险，重新钻孔安装天然气入户管道的诉讼请求，符合法律规定，依法予以支持。② 显然，法院把燃气工程安装与供用气混为一谈了。把涉及安装费的合同争议列为供用气合同纠纷的案例还有不少，如某燃气公司与曾某某供用气合同纠纷案、原告大连某燃气公司诉被告大连某地产有限公司供用气合同纠纷一案③。实务中还有一些案件，安装费事项和供用气事项混合在一个合同中，虽然诉争事项为安装费，但案由仍被定为供用气合同。

有的法院则在审理阶段纠正了立案时的错误，如张某某与绿都公司供用气合同纠纷案中，法院在判决中明确指出：原告系被告绿都公司开发的“绿城世家”小区业主，被告是一家房地产开发企业，其不具备供应天然气的条

---

① 参见中国裁判文书网，案号分别为：(2013) 通中商终字第0286号、(2013) 中一法民二初字第1545号。

② 参见中国裁判文书网，案号：(2014) 阿民初字第520号。

③ 参见中国裁判文书网，案号分别为：(2013) 穗番法民二初字第934号、(2016) 辽0213民初685号。

件，收取原告天然气初装费是一种代收行为，与原告不能形成供用气合同关系。①

4. 把商品房买卖合同纠纷误作供用气合同纠纷

例如，杨某某与洛阳龙泰实业股份有限公司供用气合同纠纷案，该案实质上是履行《商品房买卖合同》过程中发生的纠纷，一审、二审法院在“本院认为”部分，均是围绕《商品房买卖合同》展开分析。② 类似的案例还有，丁某某与河北华基房地产开发有限公司供用气合同纠纷案，也是涉及原告诉请开发商返还燃气集资费（燃气初装费），并不涉及供用气问题。③

百色诚隆公司与黄某某供用气合同纠纷案中，二审法院则纠正了一审法院的定性错误。一审法院认为：被告百色诚隆公司于2010年9月1日向原告一户收取燃气管道安装费用2600元，其目的是向原告提供燃气管道和燃气，原告向被告缴费的目的是享受被告提供燃气管道和燃气。因此，原、被告之间约定的合同标的是明确的，足以认定被告与原告形成事实上的供用气合同关系。二审法院则指出：供用气合同是指供气人向用气人提供煤气（天然气），用气人支付燃气费的合同，供气人通过管道将气直接输送至用气人处。本案中，上诉人收取被上诉人交纳的管道安装费用后负责燃气管道安装，并未直接负责供气，双方成立合同关系不是供用气合同关系，一审对本案定性错误，本院予以纠正。④

三、供用气合同纠纷相关法律问题

（一）用户信息不完整造成的立案问题

将包括供用气合同、用户身份证复印件（营业执照复印件）、隐患整改通知书回执、入户安检记录在内的燃气用户档案资料及相应的用户姓名（名称）、住址、法定代表人等信息资料收集存档，对于燃气企业而言至关重要。

① 参见中国裁判文书网，案号：(2014) 虞民初字第595号。
② 参见中国裁判文书网，案号：(2016) 豫03民终3239号。
③ 参见中国裁判文书网，案号：(2015) 西民初字第03335号。
④ 参见中国裁判文书网，案号：(2017) 桂10民终20号。

信息资料的完整准确是一个燃气企业管理规范的表现，并且对于处理经营中可能发生的诉讼案件意义重大。

众多因燃气用户姓名（名称）、住所等信息缺失导致案件不予受理的案例，足以显现建立用户信息资料档案的重要性。2017 年 12 月，某燃气公司以谢某某等 19 位自然人、富顺豪生农业开发公司等 15 家单位为被告提起诉讼，诉请被告支付拖欠的燃气费及相应的违约金。但是，该 34 起案件均被法院认为：从燃气公司提交的起诉状内容看，存在着被告信息不具体、不明确的情况，本院依法告知其在规定的期限内补正其信息内容，但逾期后至今仍未补正，应认定其起诉内容中无明确的被告，故其起诉不符合法律的规定，依法应不予受理。最后，法院裁定对这些案件全部不予受理。

根据《中华人民共和国民事诉讼法》的规定，“有明确的被告”是原告起诉的必备条件之一。《中华人民共和国民事诉讼法》第一百二十一条对起诉状中应记明的被告信息做出了相应规定：被告的“姓名、性别、工作单位、住所等信息，法人或者其他组织的名称、住所等信息”。即根据原告所列的被告信息，可以对应到具体的主体，被告能具体化、特定化。对于自然人而言，可以通过收集其身份证复印件来固定其信息；对于单位而言，可以通过收集营业执照复印件、组织机构代码证复印件等来固定其信息。如果仅有自然人的姓名，没有住址和身份证号码信息，也无其他补强证据的，就无法确定该自然人的唯一性，因为同名同姓的人太多了。

上述案例中，燃气公司所列 15 家单位被告的名称，包括：富顺豪生农业开发公司、山林生态园、雒阳新村 5 号楼、大地公司伙食团、富州物业公司丙、建安公司、自贡苏宁电器有限公司、疾控中心公租房等。我们认真梳理一下，可以发现存在如下问题：

1. 名称不完整，如建安公司。

2. 主体不存在，如自贡苏宁电器有限公司，经国家企业信用信息公示系统查询，并无该公司名称存在。

3. 名称不准确，如富顺豪生农业开发公司，经国家企业信用信息公示系统查询，并无该公司名称。只有一家“四川豪生农业集团开发有限公司”曾用名：富顺县豪生农业开发有限公司，可能与原告主张的被告信息相似。

4. 名称不正确，如山林生态园、疾控中心公租房，本就不是一个单位名称。

在存在上述问题的情况下，如果没有供用气合同、抄表记录、对账单等其他证据来进一步证实被告的主体信息，案件起诉后被法院裁定不予受理就不足为奇了。

收集一张用户身份证复印件，填写一个准确的单位用户名称，看似事小，勿以事小而不为；若以事小而不为，出事后则难以补救。上述 34 起案件不予受理的事实，警醒燃气企业：在点火通气、客户缴费、入户安检等各种与用户交往过程中，勿忘向用户收集身份证复印件、营业执照复印件等信息资料，必须与用户签订书面供用气合同，准确无误地填写用户各项信息，保存好所有与用户有关的档案资料。通说认为，违约金属民事法律体系中的概念，发生在平等民事关系主体之间，而滞纳金属行政法律体系中的概念，发生在不平等的行政关系主体之间。然而，在供水、供电、供气等公用事业领域，人们往往把“违约金”与“滞纳金”混为一谈，立法者在地方法规、行政规章中直接规定一定比例的“滞纳金”来界定使用方逾期缴费的违约责任，企业在格式合同中也直接采用“滞纳金”的表述。

（二）滞纳金与违约金问题

通说认为，违约金属民事法律体系中的概念，发生在平等民事关系主体之间，而滞纳金属行政法律体系中的概念，发生在不平等的行政关系主体之间。然而，在供水、供电、供气等公用事业领域，人们往往把“违约金”与“滞纳金”混为一谈，立法者在地方法规、行政规章中直接规定一定比例的“滞纳金”来界定使用方逾期缴费的违约责任，企业在格式合同中也直接采用“滞纳金”的表述。滞纳金在民事领域中频频出现，是因为公用事业企业在计划经济体制下具有行政管理的属性。改革开放以后，我国的水、电、燃气等公用事业经过一系列的改革，转变为政企分开的国有企业，基本不再具有行政管理的职能，这些公用事业单位从行政管理者的角色转变为合同的一方主体。[①] 少数单位顺应改革的潮流，制定或修改了相关的规定，而包括地方立法

① 李虎、邵佳权：《论城市公用事业管理法律关系》，载《法学研究》2011 年第 15 期，第 181 页。

机关在内的不少单位，仍未从“滞纳金”的定式中走出来。

就燃气行业而言，原《城市燃气管理办法》（2011 年 9 月 7 日已废止）曾规定，燃气用户应当按时交纳气费。逾期不交的，燃气供应企业可以从逾期之日起向不交纳气费的用户收取应交燃气费的 3‰—1% 的滞纳金，情节严重的，可以中止对其供气。2003 年《上海市燃气管理条例》规定，用户应当按时支付燃气使用费。逾期不支付的，燃气销售企业可以按日加收应支付款额 3‰的滞纳金；逾期六个月仍不支付的，经市公用局或者县（区）燃气行政管理部门审核批准，燃气销售企业可以中止供气，但应当在中止供气的十五日以前书面通知用户。2004 年《四川省燃气管理条例》规定，用户应当依照供用气合同缴纳燃气费。逾期不缴的，燃气经营企业可以催缴，并可对生产、经营性用户收取每日不超过应缴燃气费 1%，对居民用户收取每日不超过应缴燃气费 3‰的滞纳金；自催缴之日起 30 日内仍不缴纳燃气费的，燃气经营企业可以停止对其供气。其他不少地方的燃气法规也就滞纳金作出了明确规定。

《城镇燃气管理条例》的出台，删除了有关滞纳金的内容，但是仍有一些地方在《城镇燃气管理条例》出台后修订地方法规时，未予以相应修订。例如，根据 2015 年 7 月 31 日贵州省第十二届人民代表大会常务委员会第十六次会议通过的《贵州省人民代表大会常务委员会关于修改〈贵州省统计管理条例〉等五件法规个别条款的决定》第三次修正的《贵州省燃气管理条例》第三十一条仍规定：“管道燃气用户应当按照规定交纳燃气费。逾期未交纳的，管道燃气企业可以从逾期之日起，对生产经营性用户每日按照所欠燃气费的 1% 收取滞纳金，对其他用户每日按照所欠燃气费的 5‰收取滞纳金；自催缴之日起 30 日内仍不缴纳燃气费的，管道燃气企业可以对其中止供气。”直至 2019 年 9 月 27 日通过的《贵州省城镇燃气管理条例》以“管道燃气用户应当按照供用气合同的约定交纳燃气费，逾期未交纳的，管道燃气经营者可以催缴；自催缴之日起 15 日内仍不缴纳的，在不损害其他燃气用户权益的情况下，可以对其中止供气，并可以按照约定收取违约金，但约定的金额不得超过未缴燃气费”取代了该内容。

司法实践中，不少法院认可了燃气企业收取滞纳金的行为。例如，某燃气公司与某有限责任公司供用气合同纠纷一案，法院认为：双方在合同中约定的用气方“应从欠费之日起每日按照欠费总额的1%向供气方交纳滞纳金”，滞纳金属行政法律体系中的概念，发生于国家行政管理部门与行政管理相对人之间；违约金属民事法律体系中的概念，发生在平等民事关系主体之间。因此，原、被告双方就用气方欠费应当承担的“违约滞纳金”其实质是对用气方逾期付燃气费应承担的违约责任的约定，被告抗辩该条约定无效的理由不符合《中华人民共和国合同法》第五十二条的规定，不能成立。① 某实业有限公司与某燃气公司等供用气合同纠纷上诉案，就某实业有限公司主张的滞纳金过高的上诉意见，二审法院认为：燃气公司按逾期每日3‰计算违约金，系根据上海市地方法规的明确规定，属于法定违约金，依法可予支持。② 某煤气总公司与某石磨面庄供用气合同纠纷，法院认为：原、被告双方约定滞纳金为每日应缴煤气费的1%，符合《四川省燃气管理条例》（2014年9月24日四川省第十届人大常委会第十一次会议通过）第十六条的规定。综上，本院对原告关于要求被告支付原告煤气费15822元、支付滞纳金14389.56元的诉讼请求予以支持。③

也有法院认为燃气企业依据地方法规关于滞纳金规定主张的违约金过高。例如，2011年修订的《合肥市燃气管理条例》规定，使用管道燃气的用户应当在每月月底前交纳上月气费，逾期不交纳的，对非居民用户按每日1%计收滞纳金，对居民用户按每日3‰计收滞纳金。逾期不交费的，燃气企业可以依法对其暂停供气。在某燃气集团有限公司与王某某供用气合同纠纷案中，虽然原告根据《合肥市燃气管理条例》的规定，要求被告按照日3‰向原告支付逾期违约金。但是，肥西县人民法院却在被告未到庭发表答辩意见、质证意见的情况下，认为原告主张的违约金过高，对违约金的计算标准作出适当调整，按照银行同期贷款利率计算为妥当。④

随着法治进程的推进，不少计划经济时代的法治思维得以调整。上至行

---

① 参见中国裁判文书网，案号：（2016）川0683民初531号。

② 参见中国裁判文书网，案号：（2004）沪二中民四（商）终字第146号。

③ 参见中国裁判文书网，案号：（2015）攀东民初字第1903号。2017年修订的《四川省燃气管理条例》已经删除滞纳金内容。

④ 参见中国裁判文书网，案号：（2015）肥西民二初字第00114号。

政法规《城镇燃气管理条例》，下到包括前述四川、上海在内的不少地方法规都摈弃了“滞纳金”的思维，在法规修订时删除了有关滞纳金的内容，把逾期缴费违约如何处理的权利留给当事人双方去约定。对于燃气企业而言，为稳妥起见，在供用气合同中约定违约责任应采用“违约金”表述为宜。

鉴于供用气合同所特有的格式合同属性，对于合同约定的违约金，司法实践中，法院的裁判观点也是千差万别。有的法院完全支持合同约定的违约金。例如，某天然气有限公司与某铝业有限公司供用气合同纠纷一案，法院认为：在被告并未举证证明格式合同具有合同法规定的无效或可撤销的情形，双方应按天然气销售合同约定履行各自义务。故对于违约金部分，应当按照天然气销售合同约定的每日1‰分段计算。而被法院调整违约金的案例更多，如某燃气集团有限公司与某食府供用气合同纠纷案，被告经法院合法传唤无正当理由拒不到庭，法院认为：被告未按期支付燃气费已构成违约，应支付相应的滞纳金，但合同中约定每日3‰的滞纳金过高，予以调整至银行同期贷款基准利率的2倍。某燃气公司与中山市某有限公司供用气合同纠纷，法院认为双方约定的违约金标准（每日1‰）过高，将其调整为中国人民银行同期同类贷款利率4倍的标准。而某燃气公司与绵竹市某有限责任公司供用气合同纠纷一案中，法院则认为：被告抗辩每日按照欠费总额的1%计算过高，愿意按银行同期贷款利率承担违约金，实质是对原告主张违约金过高申请法院调整，最后法院判决违约金以中国人民银行同期同类人民币贷款逾期罚息的130%为标准进行计算。某燃气公司与某化工有限公司供用气合同纠纷案，对原告要求被告按欠条载明的“按日加收1‰”支付滞纳金的诉讼请求，法院认为该滞纳金标准虽系双方约定，但该约定过高，仅支持按年利率24%计算滞纳金，对原告主张的超出部分，依法不予支持。被告经合法传唤拒不到庭参加诉讼，不影响本案的审理和事实的认定。①

综合分析各地法院调整违约金的案例，我们可以发现法院在干预违约金方面自由裁量空间颇大，一是调整的幅度，有的调整为银行同期贷款基准利

① 参见中国裁判文书网，案号分别为：（2016）浙0402民初233号、（2015）中一法张民二初字第332号、（2016）川0683民初531号、（2016）赣0313民初745号。

率的2倍，有的调整为银行同期贷款基准利率的4倍，有的调整为同类人民币贷款逾期罚息的130%，有的调整为年利率24%；二是不少法院无论当事人申请与否，都主动依职权进行调整。根据《最高人民法院关于适用〈中华人民共和国合同法〉若干问题的解释（二）》“当事人主张约定的违约金过高请求予以适当减少的，人民法院应当以实际损失为基础，兼顾合同的履行情况、当事人的过错程度以及预期利益等综合因素，根据公平原则和诚实信用原则予以衡量，并作出裁决”，法院在当事人未到庭参加诉讼，未主张违约金过高的情况下，依职权调整违约金的做法缺乏法律依据。

（三）侵权之诉与违约之诉的选择

通说一般认为，违约责任侵害的是债权，侵权责任侵害的是人身权、知识产权、所有权等权利。在民法中，违约责任与侵权责任竞合的情形较为常见。《中华人民共和国合同法》第一百二十二条关于“因当事人一方的违约行为，侵害对方人身、财产权益的，受损害方有权选择依照本法要求其承担违约责任或者依照其他法律要求其承担侵权责任”的规定，为用户在燃气事故发生后主张权利提供了选择提起违约之诉或者侵权之诉的法律依据。

在燃气事故中，往往会出现违约责任和侵权责任竞合的情况。例如，上诉人吴某某、周某某等与被上诉人某天然气公司供用气合同纠纷案中，一审法院认为：天然气公司虽然没有直接与周某某签订供用气合同，但天然气公司与周某某房屋的出卖人签有供气合同，与周某某办理了供气证的变更，天然气公司一直向该房屋供气，周某某已缴纳了气费，双方形成了供用气合同关系。周某某在用气期间发生安全事故，形成了违约责任和侵权责任的竞合，周某某有权选择违约和侵权。在二审中，法院确认天然气管道穿墙入卧室、三通阀门关闭不严、吴某某处置不当等违反天然气公司提供的安全须知规定的事实，认定吴某某违反了供用气合同约定，构成违约；同时，法院认为天然气管道穿墙入卧室，三通阀门关闭不严是易于查出的隐患，如果天然气公司及时定期检查或者作细致的检查，应当能够发现隐患，避免本次事故，进而认定天然气公司在管理检查上存在一定疏漏，也构成违约。①

① 参见中国裁判文书网，案号：(2016) 渝05民终2125号。

对于侵权之诉和违约之诉的选择，直接关系到诉讼中有关赔偿的范围和举证责任的承担。在赔偿范围方面，违约之诉的赔偿范围主要是对财产损失的赔偿，而且是可预见性的财产损失的赔偿，精神损害等非物质性损失不在赔偿范围之列。而侵权之诉的赔偿，不仅包括财产损失，还包括人身伤害中精神损害的赔偿。在上述供用气合同纠纷一案中，周某某请求天然气公司赔偿精神损失之请求便未得到法院的支持。在举证责任方面，违约之诉只要合同相对方违约，即便是因为第三方原因，只要举出对方违约情事，就可要求其承担责任；侵权之诉需要举证损害事实存在、对方过错、过错与侵权之间的因果关系。在唐某诉重庆永川某公司供用气合同纠纷案中，法院认为：根据被告方举示的证据，可以认定被告已经向唐某告知了使用燃气的注意事项以及遇有燃气泄漏情况下如何正确处理等相关知识，已尽到了合理的告知和安全防范提示的义务。法院查明：原告陈述其对该合同中约定的条款内容清楚明白。同时，被告不定期地对其供气范围内的居民小区进行上门检查、宣传用气安全知识，并通过《永川日报》向用气客户宣传天然气安全使用知识。被告对原告房屋内发生的天然气泄漏以及燃爆事故并无过错，亦无违约行为。庭审中，唐某也未举示被告在向其提供燃气的过程中存在违约行为以及对本案诉争的燃爆事故的发生存在过错的相关证据。最后，法院驳回了原告要求赔偿其损失的诉讼请求。①

因此，燃气企业在日常经营工作中，应依法做好入户安检、安全须知发放、安全用气宣传等工作；在用户就事故索赔选择了违约责任的情况下，燃气企业应积极就全面履行了供用气合同有关安全检查、安全风险防范提示等相关义务进行举证。

（四）供用气合同的权利义务转移

在气源置换、市场拓展、项目并购的过程中，有时投资者会借助资产收购的方式来实现其目的。资产收购的方式，相对于股权收购而言，前者是直接对资产的控制，后者是间接对资产的控制。在债务承担方面，资产转让一般被认为是比较简单的并购方式，不涉及法人主体的变更，无须承接出让方

① 参见中国裁判文书网，案号：（2012）永法民初字第05466号。

原有债务。但是，燃气企业的一些资产转让，往往是连业务和人员都一并转让。在这种情形下，尤其要注意与出让方就业务、人员有关的协议重新进行签署，对原有债务和或有债务进行明确约定，以免引发争议。以北京 H 燃气公司与邓某供用气合同纠纷一案为例，原审法院审理查明：本案诉争花园小区原由 W 燃气公司设立的燃气站供应天然气服务。2010 年，H 燃气公司接手上述燃气站，并从 2010 年 3 月 27 日开始接管了花园小区的供气服务。截至 2011 年 9 月，花园小区开始使用市政天然气管道供应的天然气，并更换了燃气表。邓某原燃气表剩余燃气量为 5785 立方米，当时燃气购买价为每立方米 2.9 元。对于邓某诉请退还未使用部分的费用事宜，二审法院认为：因 W 燃气公司与 H 燃气公司之间存在资产转让的事实，H 燃气公司业已实际接受了该供气设备，进行了供气服务，业主亦同意。因此，应认为 H 燃气公司全面接受了收取业主合同价金的权利，承继了向业主供气的义务。该事实符合《中华人民共和国合同法》第八十八条关于合同权利义务基于双方意定而发生概括移转的情形。因此，在法律上产生了概括移转的后果，即邓某与 W 燃气公司之间的合同关系消灭，而与 H 燃气公司形成了事实上的长期持续性供气合同。基于此，邓某要求 H 燃气公司退还相关费用的理由，有事实和法律依据。① 在该案中，法院就认为该资产转让实际导致了供气合同中供气方权利义务的概括转移。

（五）中止供气的问题

《城镇燃气管理条例》规定“燃气经营者应当向燃气用户持续、稳定、安全供应符合国家质量标准的燃气”，因此，燃气企业中止供气应有法定事由或约定事由。

1. 中止供气的法定事由

《城镇燃气管理条例》第二十条规定，管道燃气经营者因施工、检修等原因需要临时调整供气量或者暂停供气的，应当将作业时间和影响区域提前 48 小时予以公告或者书面通知燃气用户，并按照有关规定及时恢复正常供气；因突发事件影响供气的，应当采取紧急措施并及时通知燃气用户。

---

① 参见中国裁判文书网，案号：(2014) 一中民终字第 03846 号。

而对于逾期缴费用户中止供气问题，《城镇燃气管理条例》并未涉及（原《城市燃气管理办法》则有明确规定）。但是，部分省市的燃气管理条例，仍保留有相关规定。例如，2019年3月29日的《安徽省城镇燃气管理条例》第三十七条第一款规定，管道燃气用户应当按时交付燃气费。逾期不交付的，管道燃气用户应当按照约定支付违约金。经管道燃气企业催告，在供用气合同约定的期限内仍不交付燃气费和违约金的，管道燃气企业在书面通知用户五日后，可以暂时停止供气。用户交付所欠燃气费和违约金后，管道燃气企业应当立即恢复供气。

《城镇燃气管理条例》第四十一条第一款规定，燃气经营者应当建立健全燃气安全评估和风险管理体系，发现燃气安全事故隐患的，应当及时采取措施消除隐患。该条并未明确“采取措施”是否包括停气的措施，笔者认为在该隐患可能严重危及公共安全的情况下，燃气企业是有权采取停气措施的。

2. 中止供气的约定事由

在部门规章、地方法规删除有关逾期缴费停气的规定后，燃气企业往往依据供用气合同中的约定做停气处理。根据合同法有关合同法定解除权的规定，在没有约定的情况下，若用户长期欠费，经多次催缴仍不缴付的，燃气企业也可以考虑行使法定解除权。

在原告孔某某与被告某燃气公司供用气合同纠纷案中，法院认为：原告在安装燃气热水器时擅自将燃气热水器排烟管接入厨房公共烟道，该种接法违反了原、被告之间签订的合同中关于安全用气的约定，存在重大安全隐患，如果发生事故，可能危及原告及其他住户的人身及财产安全，在这种情况下，经被告向原告告知并与原告协商后，原告拒不整改，被告向城管局请示，城管局同意给原告中止供气，并要求被告严格按照安全标准执行。在履行完相关程序之后，被告按与原告之间签订的居民用户安全供用气合同中关于供气方有权中止供气的约定，中止给原告供气并无不当，故本院对原告要求被告恢复天然气供应的诉讼请求不予支持。该案既有中止供气的法定事由，也有供用气合同的约定事由。① 类似的还有臧某某与某燃气公司供用气合同纠纷

① 参见中国裁判文书网，案号：(2014) 让民初字第1122号。

案，法院认为：原告从事的安装燃气采暖热水炉的民事行为违反了《城镇燃气管理条例》第二十八条，《山东省燃气管理条例》第二十六条、第二十八条、第三十七条及《燃气燃烧器具安装维修管理规定》第八条、第十条、第十五条的规定。原告从事的行为不但违反上述法律规定，而且依据双方签订的管道天然气协议，原告的行为亦违反了双方的约定。因燃气属易燃易爆资源，被告作为燃气经营企业，本着高度安全意识，确保社会公共安全和原告自身的人身财产安全，针对原告私自安装燃气燃烧器具的行为而暂时采取了停止向原告售气的措施，合理合法，原告的诉求不成立，本院不予支持。①

燃气企业若无法定或约定事由，或未按程序履行事先通知义务，贸然采取停气行为，则可能面临用户索赔的风险。在上诉人某燃气公司与被上诉人周某某供用气合同纠纷一案中，法院经审理认为：向城市居民供应水、电、气属于社会公共服务，供气人向用气人供气既是一种合同义务，亦是一种法定义务。燃气公司在无正当理由的情况下中断向周某某供气，违法亦违约，对于自 2013 年 8 月 20 日至 2016 年 9 月 8 日中断供气期间给周某某造成的损失，燃气公司依法应予赔偿。② 在李某某与某燃气股份有限公司供用气合同纠纷一案，被告也因“单方解除合同中断供气既不符合法律规定，亦不符合《天然气个人用户供用气合同》之约定”，被法院判令将被告的膜式燃气表恢复原状并继续履行供气义务。③ 再如，在李某某与某燃气公司、某营业厅供气合同纠纷一案中，法院认为：根据《广东省燃气管理条例》第三十条的规定：“燃气经营企业应当按照政府核准的燃气价格、燃气计量装置的记录向燃气用户收取燃气使用费，并与燃气用户约定支付期限。用户未按照约定期限支付燃气费的，管道燃气经营企业可以书面催缴，管道燃气用户经催缴仍不支付燃气使用费和违约金的，管道燃气经营企业可以中止供气，但应当在中止供气十五日前书面通知用户，并报所在地燃气行政主管部门备案。用户缴清所欠燃气费、违约金后，管道燃气经营企业应当在二十四小时内恢复供气。用户对中止供气有异议的，可以向燃气行政主管部门投诉，受理投诉的燃气行

① 参见中国裁判文书网，案号：(2017) 鲁 0782 民初 708 号。

② 参见中国裁判文书网，案号：(2017) 苏 03 民终 1641 号。

③ 参见中国裁判文书网，案号：(2013) 中民二初字第 494 号。

政主管部门应当依法处理。”在李某某欠费的情况下，燃气公司确有权停止供气，但是其行使停止供气的权利时应提前15日书面通知用户。鉴于燃气公司发出的催缴通知未载明送达时间，且燃气公司未有其他证据证明其已经在停止供气前15日书面通知了李某某，故原审法院认为燃气公司停止供气的行为存在过错。酌情判令燃气公司赔偿损失500元。①

上述中止供气的情形一般是燃气企业基于用户欠费或者存在安全隐患而发生，在实践中，还有第三人破坏燃气设施引起停气。第三人破坏引起停气的，燃气企业是否可以免责，法院观点各异。在某塑胶有限公司与某燃气公司供用气合同纠纷案中，法院认为：本案由于第三方造成天然气管道损坏，天然气大量泄漏，被告采取的应急抢险措施，关闭阀门以防止天然气继续大量泄漏造成更大的城市公共安全问题，其行为属于紧急避险。《民法总则》第一百八十二条第一款规定：“因紧急避险造成损害的，由引起险情发生的人承担民事责任。”本案险情属第三方引起，在原告未提交证据证实，被告采取的抢险措施存在不当或超过必要限度的情况下，根据上述法律规定及双方签订的《供用燃气合同》第八条的约定（条款内容：由于不可抗力的原因或紧急避险中断供气或停气，使用气方受到损失的，供气方不承担赔偿责任），因停气给原告造成的损失，被告不承担赔偿责任。② 而在某洁具有限公司与某燃气公司供用气合同纠纷案件中，在合同未约定第三方破坏属于免责的情况下，法院认为燃气公司据以抗辩的紧急避险属于侵权损害赔偿的免责事由，与本案合同纠纷案件无关，判令燃气公司赔偿原告损失。

除非涉及重大安全隐患，对于欠缴燃气费的居民用户，若其与其他用户共用燃气阀门，无法单独停气，则不宜采取停气措施，对其欠费仍通过诉讼途径主张更为合适。

（六）租户欠费问题

大多数情况下，供用气合同的签约用气方与实际用气人是一致的。在建筑物产权人对外出租的情形下，则存在不一致的情况。此时，供气方、签约

---

① 参见中国裁判文书网，案号：（2015）穗天法民二初字第664号。

② 参见中国裁判文书网，案号：（2017）云0402民初2132号。

用气方、实际用气人三者之间存在供用气合同、租赁合同两种法律关系。根据合同相对性原则，当供用气合同当事方为供气方、签约用气方时，即便租赁合同约定由承租人缴纳气款，当出现欠缴气款时，签约用气方仍负有支付气款的义务；而当供用气合同当事方为供气方、实际用气人时，燃气企业仅能向实际用气人主张气款。因此，对于用气量大的工商业用户而言，燃气企业尤其应注意签约主体问题，当承租方作为签约人时，应关注承租方的资信情况。

例如，原告某燃气公司与被告程某供用气合同纠纷一案中，被告程某向原告申请开通了天然气，后程某与何某签订房屋租赁合同，约定房屋租赁期间，水、电、气等费用由何某负担。因何某拖欠天然气费用引发诉讼，程某被原告诉至法院。法院认为：原告按合同供给天然气，被告也应及时缴纳燃气费用。被告将房屋及燃气设施租赁给第三人，第三人实际使用天然气。根据合同相对性原则，被告仍应承担供用气合同约定的缴纳拖欠的燃气费用的义务。被告承担缴纳义务后，可依法向第三人主张权利。①

（七）"照付不议"条款

"照付不议"源于国际大宗能源贸易，是指即使买方未提取产品或者服务，买方仍然需要按合同约定支付价款的合同模式。国家能源局 2014 年 2 月 25 日印发的《天然气购销合同（标准文本）》第七条关于"照付不议"的内容为："就交付期内的任一合同年而言，卖方应在交付点销售并交付且买方应提取该合同年的年合同量，并为提取的和未提取的天然气付款。双方进一步约定，对于上述买方已付款但未提取的天然气，买方有权按附件三的约定进行补提。"该文本适用于天然气供应企业与城市燃气集团、直供用户签订一年期以上的天然气购销合同，合同标的物包括管道燃气、液化天然气。

面对强势的上游能源巨头，处于下游的城市燃气企业在合同谈判时往往处于劣势，上游提供的合同文本更多的是强调维护其利益的"照付不议"，而有意忽略下游关注的"照供不误"。为了降低风险，城市燃气企业往往把"照付不议"条款传递到终端大工业用户合同文本中。

---

① 参见中国裁判文书网，案号：（2016）川 1723 民初 394 号。

尽管能源行业通说认为“照付不议”已构成能源贸易中的一种国际惯例。但是，在司法实践中，法院对于是否适用“照付不议”条款则观点各异。

（1）有的法院支持适用。例如，在翔鹭石化股份有限公司、林德气体（厦门）有限公司供用气合同纠纷案中，二审法院认为：翔鹭石化股份有限公司在以小时为单位计算未达到最低购买量时对差量的款项负有“照付不议”的义务。

（2）有的法院则并不认同。例如，在某硅业有限责任公司与某燃气公司买卖合同纠纷一案中，成都高新技术产业开发区法院认为：燃气公司主张天然气行业中存在“照付不议”规则，但燃气公司并未充分举证该规则的存在，即使其提供的学术论文也指出其目前范围为国际领域。燃气公司主张“照付不议”规则无有效证据支持。

（3）有的法院支持有限适用。例如，2016 年上海浦东新区人民法院在发布的涉自贸区十大典型案例中，普莱克斯（上海）工业气体有限公司与长兴凯鸿新型墙体材料有限公司买卖合同纠纷案涉及“照付不议”纠纷，法院总结其典型意义在于：本案双方签订的《产品供应协议》是典型的“照付不议”合同。(Take-or-Pay contract)“照付不议”合同形式目前被广泛用于天然气等能源供应合同中，其实质是将产品开发方、运输方与市场用户捆绑在一起，共同克服生产、输配和使用中的风险。但该类合同的货款、违约金等核心条款主要和“约定用气量”相关，由于买卖双方信息不对称、力量对比悬殊等因素，易突出强调买方的“照付不议”义务而导致权利义务不对等的情形。为此，在本案审理中，法院从公平合理的角度出发，既尊重商业习惯，也不机械适用，而是从合同履行情况、商业成本、行业利润等多方面因素考虑，妥善平衡双方的权利义务，为今后审理此类案件提供了有益的借鉴样本，具有典型意义。

笔者注意到，通过中国裁判文书网检索涉及“照付不议”纠纷的近十起案例中，并无关于管道燃气“照付不议”纠纷的案例，多为液化天然气或者氧气等工业气体类案例。涉及管道燃气“照付不议”条款的适用，还有待更多司法实践的进一步检验。

第二章　管道燃气特许经营

一、管道燃气特许经营法律问题综述

（一）市政公用事业特许经营的立法概况

国内市政公用事业领域引入特许经营的历史并不长，就地方而言，最早的规范性文件之一是2001年7月10日公布的《成都市人民政府特许经营权管理暂行办法》，该办法规定："纳入特许经营权管理的项目有：出租汽车运营权、加油站和加气站经营权、公交运营线路、建筑垃圾处置场、旅游设施、户外广告设施、城市基础设施运营权等特许经营项目及市政府设立的其他项目。"在中央层面，最早可见于2002年12月27日原建设部下发的《关于加快市政公用行业市场化进程的意见》（建城〔2002〕272号）（以下简称《意见》），《意见》决定建立市政公用行业特许经营制度。根据《意见》，市政公用行业特许经营制度是指在市政公用行业中，由政府授予企业在一定时间和范围对某项市政公用产品或服务进行经营的权利，即特许经营权。政府通过合同协议或其他方式明确政府与获得特许权的企业之间的权利和义务。

根据《意见》，市政公用行业实行特许经营的范围包括：城市供水、供气、供热、污水处理、垃圾处理及公共交通等直接关系社会公共利益和涉及有限公共资源配置的行业。实施特许经营权制度的对象包括已经从事这些行业经营活动的企业和新设立企业、在建项目和新建项目。《意见》规定，今后凡投资建设特许经营范围内的市政公用项目，项目建设单位必须首先获得特许经营权，与行业主管部门签订合同后方可实施建设。现有国有或国有控股的市政公用企业，应在进行国有资产评估、产权登记的基础上，按规定的程序申请特许经营权。政府也可采取直接委托的方式授予经营权，并由主管部门与受委托企业签订经营合同。

部分地方在《意见》出台后，迅速以政府规章形式对市政公用事业特许经营活动进行了规范。比如，2003 年 3 月 21 日，深圳市人民政府以第 124 号令形式发布了《深圳市公用事业特许经营办法》；2003 年 8 月 28 日，北京市人民政府以第 134 号令形式发布了《北京市城市基础设施特许经营办法》；2003 年 10 月 17 日，成都市人民政府以第 101 号令形式公布了《成都市人民政府特许经营权管理规定》；2004 年 1 月 6 日，济南市人民政府以第 212 号令形式公布了《济南市市政公用行业特许经营试行办法》。

2004 年 3 月 19 日，建设部第 126 号令发布《市政公用事业特许经营管理办法》（以下简称旧办法），自 2004 年 5 月 1 日起施行。旧办法以部门规章的形式对市政公用行业的特许经营活动进行了规范，在很长一段时间内，对各地开展包括城市供气在内的市政公用事业特许经营工作起了重要的指导作用。各地也以旧办法为蓝本，纷纷出台自身的特许经营管理规范性文件，或表现为地方法规，或表现为地方政府规章，不一而足。

旧办法施行以来，暴露出不少问题。比如，特许经营立法层级低，各地特许经营立法五花八门，国家层面缺乏统一的制度规范；地方政府因人员变动、行政区域变化导致违反特许经营协议情形屡屡发生，民间投资权益保障机制不完善；行政审批程序烦琐等。这些问题影响了社会资本参与的积极性，制约着特许经营健康发展。

根据中央全面深化改革领导小组 2015 年改革工作要点、第十二届全国人大五年立法规划和国务院立法计划部署，国家发展和改革委员会（以下简称国家发改委）同有关部门开展了《基础设施和公用事业特许经营法》的立法起草工作；同时，考虑到当前促进民间投资、稳定经济增长需求任务紧迫，按照急用先行原则，国家发改委联合起草了《基础设施和公用事业特许经营管理办法》（以下简称新办法），于 2015 年 4 月 25 日发布，自 2015 年 6 月 1 日起施行。

新办法发布后，对于其法律效力层级有不同的观点。曾经参与新办法起草准备工作的政府采购理论界的专家、清华大学公共管理学院教授于安认为：

过去政府在吸引社会资本进入基础设施和公用事业领域方面的手段，更多的是依靠发布红头文件和各项政策指南。但是依靠这种政策性文件的方式来吸引社会投资的效果并不理想，原因就在于政策并不能很好地保护财产权，从而让投资者对投资所产生的收益能否得到有力保证产生怀疑和不确定性。正是基于这个原因，此次由国家发改委起草的新办法，在法律层级上有很大提高，是专门由国务院发布的行政法规。

北京市资略律师事务所合伙人徐向东则认为：之前建设部第 126 号令发布的《市政公用事业特许经营管理办法》，从严格的法律意义上说，连部门规章都算不上，只能算一个部门的法律规范性文件。《市政公用事业特许经营管理办法》从法律效力上讲，都无法约束地方政府。比如，《北京市城市基础设施特许经营条例》，其法律效力就比《市政公用事业特许经营管理办法》效力高。而此次的《基础设施和公用事业特许经营管理办法》，至少是部门规章，相比《市政公用事业特许经营管理办法》《国家发展改革委关于开展政府和社会资本合作的指导意见》，以及当前很多部门和省市出台的 PPP 意见，法律效力都高。①

对以上两种观点，笔者持不同意见：把新办法看成“行政法规”是拔高了新办法的法律效力层级，而把旧办法说成“连部门规章都算不上”，则是矮化了旧办法的效力层级。根据 2002 年 1 月 1 日起施行的《行政法规制定程序条例》，行政法规必须“报请总理签署国务院令公布施行”，而新办法是由六部委的行政首长签署发布，因而不属于行政法规。根据 2002 年 1 月 1 日起施行的《规章制定程序条例》，“部门规章应当经部务会议或者委员会会议决定”“公布规章的命令应当载明该规章的制定机关、序号、规章名称、通过日期、施行日期、部门首长或者省长、自治区主席、市长署名以及公布日期”，旧办法是符合这些规定的，况且《住房和城乡建设部关于修改〈房地产开发企业资质管理规定〉等部门规章的决定》（中华人民共和国住房和城乡建设部令第 24 号）中，就涉及对旧办法的修改，旧办法无疑是部门规章。

---

① 参见谷林：《最新解读国务院“特许经营管理办法”》，载中国水网，http：//www. h2o - china. com/news/224144. html，2019 年 10 月 20 日访问。

因此，旧办法与新办法是属于同一位阶的部门规章，旧办法目前仍有效，只是对于同一事项，若两个办法出现冲突，则按新法优于旧法的原则处理。

（二）特许经营权的授予主体

根据旧办法第四条第三款："直辖市、市、县人民政府市政公用事业主管部门依据人民政府的授权（以下简称主管部门），负责本行政区域内的市政公用事业特许经营的具体实施。"第八条第（五）项："公示期满，对中标者没有异议的，经直辖市、市、县人民政府批准，与中标者（以下简称获得特许经营权的企业）签订特许经营协议。"特许经营权的授予主体应是直辖市、市、县人民政府或者经直辖市、市、县人民政府授权的市政公用事业主管部门。

而新办法规定的是："县级以上人民政府应当授权有关部门或单位作为实施机构负责特许经营项目有关实施工作，并明确具体授权范围。""实施机构根据经审定的特许经营项目实施方案，应当通过招标、竞争性谈判等竞争方式选择特许经营者。"

新旧办法在授予主体方面存在两个区别：一是，区人民政府是否有权实施，旧办法的表述限定在"县人民政府"，而新办法表述为"县级以上人民政府"，区人民政府属于与县人民政府同一层次的地方政府，应属于其中；二是，授权实施机构方面，旧办法要求人民政府授权给市政公用事业主管部门，而新办法表述是"有关部门或单位"，范围更广。

在管道燃气行业实践中，还存在包括管委会（包括各类开发区、高新区、工业园、新区等管委会）、非市政公用事业政府部门、乡镇政府、国有投资公司、林业管理局、农垦管理局、新疆生产建设兵团等在内的各类"授权主体"。

判断上述主体授权的效力，均应结合新旧办法的规定、签约授权的具体情形等来综合分析。比如，黑龙江省农垦总局下设有住房和城乡建设局，其职能之一就是"负责管理城镇供水、供热、燃气、排水、市政设施、园林绿化、市容环卫和风景名胜等工作"，而黑龙江省森林工业总局也下设有住房和城乡建设局，负责燃气经营许可证的核发等事宜。在农垦、林垦等区域，即便特许经营授予主体并非严格的一级地方政府或政府授权单位，但在实践中也形成了事实上的特许经营。

建设兵团则更为特殊。兵团作为党政军企合一的一个特殊组织，对于所辖垦区内的燃气企业是具有行政管理职能的。《燃气经营许可管理办法》和《燃气经营企业从业人员专业培训考核管理办法》（建城〔2014〕167 号）的发文对象除了“各省、自治区住房城乡建设厅，北京市市政市容委，天津市、上海市建委，重庆市市政管委、经信委、商委”，还有“新疆生产建设兵团建设局”。兵团建设局作为兵团所辖所有垦区的燃气主管部门，其职责包括：负责市政公用事业特许经营、供水、供气、供热和市容环境卫生、园林绿化法律法规规章执行的监督指导。据北京市中伦律师事务所 2015 年 4 月 15 日《关于奎屯市德信燃气股份有限公司申请股票在全国中小企业股份转让系统挂牌并公开转让的法律意见书》显示：昊通百圣是一家在新疆生产建设兵团第十二师属辖区内从事管道天然气的安装、销售，压缩天然气（车用瓶）的气瓶充装业务的公司，取得了在新疆生产建设兵团第十二师师属辖区内城市燃气特许经营权（新开发区域），这也印证了兵团范围内的特许经营实例。

兵团毕竟是一个特殊的社会组织，“兵团建设主管部门在辖区内事实上承担着城市建设、市政公用事业的建设行政管理职能，进行城市规划、建设标准、市场监管、行业指导的日常管理工作，但是国家法律和地方行政法规没有赋予兵团城镇管理方面的行政审批、许可和执法权，兵团法律地位的缺失和城镇管理职能不健全是制约兵团城镇市政公用事业发展的重要因素”①。而 2017 年 11 月 29 日新疆维吾尔自治区第十二届人民代表大会常务委员会第三十三次会议通过的《新疆维吾尔自治区人民代表大会常务委员会关于设立兵团工作委员会、授予新疆生产建设兵团行政执法权的决定》很好地回应了这个问题，该决定规定：“兵团在保证国家法制统一的前提下，依据宪法和法律、法规的规定，在兵团范围内依法行使行政执法权。”进一步体现了兵团行政管理方面的职能，也为兵团建设主管部门开展燃气管理工作提供了有力的法律支撑。

---

① 马长伟、刘振：《对兵团城镇市政公用事业改革与发展问题的探讨》，载《农场经济理论》2018 年第 3 期，第 41 页。

（三）特许经营权的取得形式

1. 招标

招标，无疑是选择特许经营者众多方式中最主要的一种，从建设部的旧办法、行政许可法，再到六部委的新办法以及全国各地有关公用事业特许经营管理的法规、规章，招标都是其中最主要的一种方式。根据《中华人民共和国招标投标法》“在中华人民共和国境内进行招标投标活动，适用本法”的规定，有关特许经营招标活动，均应受到该法的约束。

值得我们注意的是，同样是招标，旧办法把招标限定在公开招标的形式，而新办法并未加以限定，还可以采取邀请招标的形式。多数地方有关特许经营的法规、规章所规定的招标也未限定为公开招标的一种形式。

有的地方政府在特许经营权招标时，明确把《中华人民共和国政府采购法》作为招标依据。例如，2019 年 9 月《澜沧拉祜族自治县管道燃气特许经营项目公开招标公告》即载明：“根据《中华人民共和国政府采购法》、《中华人民共和国政府采购法实施条例》、《政府采购货物和服务招标投标管理办法》等有关法律、法规的规定，经政府采购主管部门批准，普洱市普平工程招标有限责任公司受澜沧拉祜族自治县住房和城乡建设局的委托，对澜沧拉祜族自治县管道燃气特许经营项目（以下简称：本项目）以公开招标方式组织招标，欢迎符合条件的投标人参加投标。”对于管道燃气特许经营权适用《中华人民共和国政府采购法》进行招标的做法，作者持不同意见。《中华人民共和国政府采购法》第二条第二款明确规定：“本法所称政府采购，是指各级国家机关、事业单位和团体组织，使用财政性资金采购依法制定的集中采购目录以内的或者采购限额标准以上的货物、工程和服务的行为。”而如前述澜沧拉祜族自治县在管道燃气特许经营项目中，均是“项目由中标企业自筹资金全额投资建设，自负盈亏、自主经营”，并不存在适用政府采购法的空间。

2. 竞争性谈判

旧办法对特许经营者的选择仅仅规定了公开招标，新办法以及《上海市城市基础设施特许经营管理办法》都在招标之外，增加了竞争性谈判方式。例如，2017 年 12 月 6 日，中国政府采购网《吉林市市政公用局吉林市高新北区管道燃气特许经营权授权项目竞争性谈判公告》载明:“吉林市公正建设工程招标有限责任公司受业主吉林市市政公用局委托,对本项目进行竞争性谈判择优选择。请有兴趣的潜在竞争参与人参与。”

竞争性谈判本是《中华人民共和国政府采购法》中规定的政府采购的一种形式,主要适用于以下情形的政府采购:“(一)招标后没有供应商投标或者没有合格标的或者重新招标未能成立的;(二)技术复杂或者性质特殊,不能确定详细规格或者具体要求的;(三)采用招标所需时间不能满足用户紧急需要的;(四)不能事先计算出价格总额的。”根据该规定,竞争性谈判应当遵循以下程序:

(1)成立谈判小组。谈判小组由采购人的代表和有关专家共三人以上的单数组成,其中专家的人数不得少于成员总数的三分之二。

(2)制定谈判文件。谈判文件应当明确谈判程序、谈判内容、合同草案的条款以及评定成交的标准等事项。

(3)确定邀请参加谈判的供应商名单。谈判小组从符合相应资格条件的供应商名单中确定不少于三家的供应商参加谈判,并向其提供谈判文件。

(4)谈判。谈判小组所有成员集中与单一供应商分别进行谈判。在谈判中,谈判的任何一方不得透露与谈判有关的其他供应商的技术资料、价格和其他信息。谈判文件有实质性变动的,谈判小组应当以书面形式通知所有参加谈判的供应商。

(5)确定成交供应商。谈判结束后,谈判小组应当要求所有参加谈判的供应商在规定时间内进行最后报价,采购人从谈判小组提出的成交候选人中根据符合采购需求、质量和服务相等且报价最低的原则确定成交供应商,并将结果通知所有参加谈判的未成交的供应商。

3. 拍卖

《深圳市公用事业特许经营条例》《云南省城市建设管理条例》《成都市人民政府特许经营权管理规定》规定拍卖也是选择特许经营者的方式之一。实践中,2016 年 8 月 25 日,常德市安信拍卖有限责任公司发布了《津市市国有资产投资经营有限公司乡镇管道燃气(30 年)特许经营权(第二次)拍卖公告》,公告载明:本公司受津市市国有资产投资经营有限公司的委托,将对津市市所有乡镇的天然气（30 年）特许经营权进行公开拍卖。总参考价 560 万元，保证金 100 万元。

4. 招募

《济南市市政公用行业特许经营试行办法》《深圳市公用事业特许经营条例》《杭州市市政公用事业特许经营条例》规定招募也是选择特许经营者的方式之一，其中深圳、杭州两地规定是在招标方式无法确定特许经营者时才采取招募方式，而济南则规定招募与招标可选择适用。

《深圳市公用事业特许经营条例》对招募的定义予以了明确："是指市政府将拟授权经营的公用事业公告后，由市政府或者其委托的机构向申请人发出邀请，通过审慎调查和意向谈判，确定经营者候选人，提交专门设立的评审委员会确定优先谈判对象，通过谈判确定经营者。"杭州条例规定的定义与之类似："市政府或者其授权的部门应当将拟授权经营的项目进行公告，并向不少于两个申请人发出邀请，通过审慎调查和意向谈判，确定经营者候选人，提交专门设立的评审委员会确定优先谈判对象，通过谈判确定经营者。"从杭州的规定我们可以看出，招募邀请的对象是"不少于两个"。

5. 直接委托、直接磋商、直接授予

不少地方的法规、规章规定了可以通过直接确定的方式选择特许经营者，表述方式各异，如《山西省市政公用事业特许经营管理条例》规定"新建市政公用事业项目，应当依法采取招标方式选择特许经营者。通过招标方式未能确定特许经营者的，市政公用事业主管部门可以采取直接委托的方式选择特许经营者"，采用的表述是"直接委托"，青海也是如此；成都规定"对市场化条件尚不成熟的项目和因客观条件限制难以通过招标、拍卖方式进行的项目，应当在出让方案中专门说明，经政府批准后，可以采用挂牌、邀请发价、直接磋商等方式出让"，采取的表述是"直接磋商"；青岛规定"本规定施行前已经从事市政公用基础设施经营的，经市市政公用行政主管部门依法审查，可以直接授予其特许经营权"，采取的表述是"直接授予"。

6. 挂牌

《云南省城市建设管理条例》规定："不具备招标投标、公开拍卖条件的，经县级以上人民政府同意，通过公众媒体和场所公示 15 日后，在指定场所采用协商、挂牌等方式确定。”此外，成都也把“挂牌”作为选择特许经营者的方式之一。

7. 协商

《云南省城市建设管理条例》把“协商”作为选择特许经营者的方式之一。

（四）特许经营期限

根据旧办法，“特许经营期限应当根据行业特点、规模、经营方式等因素确定，最长不得超过 30 年”。各地的法规、规章也规定特许经营期限不超过 30 年。

部分地方如青海，规定项目的投资建设权和经营权可以分别授予特许经营者，因而规定：“将项目的投资建设和经营权一并授予特许经营者的，特许经营期限最长不得超过 30 年；单独授予经营权的，特许经营期限最长不得超过 8 年。”

河北省根据特许经营方式的不同，规定了不同的期限：“市政公用事业特许经营可以采取下列方式：（一）在一定期限内，将项目授予特许经营者投资建设、运营，期限届满无偿交回；（二）在一定期限内，将公共基础设施移交特许经营者运营，期限届满无偿交回；（三）在一定期限内，委托特许经营者提供公共服务；（四）政府同意的其他方式。采用（一）、（二）类特许经营方式的，经营权期限一般为 25 年和 20 年，最多不得超过 30 年；采用（三）类特许经营方式的，经营权期限一般为 5 年，最多不得超过 8 年。”

而新办法作了例外规定：“基础设施和公用事业特许经营期限应当根据行业特点、所提供公共产品或服务需求、项目生命周期、投资回收期等综合因素确定，最长不超过 30 年。对于投资规模大、回报周期长的基础设施和公用事业特许经营项目可以由政府或者其授权部门与特许经营者根据项目实际情况，约定超过前款规定的特许经营期限。”

有的燃气企业与政府签订的特许经营协议约定了 50 年的特许经营期限，一旦政府领导变化或者有新的竞争者进入时，往往质疑其合法性，不少新上任的政府领导只认可其不超过 30 年。因此，当涉及燃气企业并购时，过长或过短的特许经营期限，均应引起注意。

（五）特许经营地域范围

建设部对市政公用事业明确提出实施特许经营制度以前，原《城市燃气管理办法》有关“用管道供应城市燃气的，实行区域性统一经营。瓶装燃气可以多家经营”的规定，实际上也体现了管道燃气企业在某个区域的独家垄断经营。实行特许经营制度后，特许经营的地域范围一般通过特许经营协议来约定，而实践中，约定的地域范围五花八门，表述不一。

1. 行政管辖区域、行政区域

行政管辖区域并非法律概念，一般把它理解为与行政区域同义，而行政区域是宪法所规定的：“中华人民共和国的行政区域划分如下：（一）全国分为省、自治区、直辖市；（二）省、自治区分为自治州、县、自治县、市；（三）县、自治县分为乡、民族乡、镇。直辖市和较大的市分为区、县。自治州分为县、自治县、市。”

这种范围约定的是一种最大的范围。

2. 城市规划区

根据1989年12月26日发布的《中华人民共和国城市规划法》：“本法所称城市规划区，是指城市市区、近郊区以及城市行政区域内因城市建设和发展需要实行规划控制的区域。城市规划区的具体范围，由城市人民政府在编制的城市总体规划中划定。”

3. 建成区

根据2015年11月《城市（县城）和村镇建设统计报表制度》，建成区是指城市行政区内实际已成片开发建设、市政公用设施和公共设施基本具备的区域。对核心城市，它包括集中连片的部分以及分散的若干个已经成片建设起来，市政公用设施和公共设施基本具备的地区；对一城多镇来说，它包括由几个连片开发建设起来的，市政公用设施和公共设施基本具备的地区组成。因此建成区范围，一般是指建成区外轮廓线所能包括的地区，也就是这个城市实际建设用地所达到的范围。

4. 市区、城区

可参考城市总体规划并结合《城市（县城）和村镇建设统计报表制度》有关规定来理解：“市区（县）面积：指城市（县）行政区域内的全部土地面积

(包括水域面积)。地级以上城市行政区不包括市辖县(市)。”“城区(县城)面积:指城市的城区和县城的面积。设市城市城区包括:市本级(1)街道办事处所辖地域;(2)城市公共设施、居住设施和市政公用设施等连接到的其他镇(乡)地域;(3)常住人口在3000人以上独立的工矿区、开发区、科研单位、大专院校等特殊区域。”

5. 县城

根据《城市(县城)和村镇建设统计报表制度》,一般是指县政府驻地的镇、乡(城关镇)或街道办事处地域,还包括“县城公共设施、居住设施和市政设施等连接到的其他镇(乡)地域”“县域内常住人口在3000人以上独立的工矿区、开发区、科研单位、大专院校等特殊区域”。而根据《关于房产税若干具体问题的解释和暂行规定》,“县城是指未设立建制镇的县人民政府所在地”。

实务中,除了要明确地域范围之外,最好再把标注特许经营地域四至范围的地图作为附件,以免引起争议。

贵州燃气集团股份有限公司(发行人)的《首次公开发行股票招股说明书(申报稿)》中有关发行人及下属公司特许经营权情况的披露信息为我们直观理解特许经营授权主体和特许经营地域范围等情况提供了重要参考。现将该说明书披露的部分内容列示如下:

序号	被授权公司	授权单位	合同名称	主要内容
1	发行人	贵阳市住房和城乡建设局	《贵阳市城市管道燃气特许经营协议》	授权发行人在贵阳市现行行政管辖区域内的云岩、南明、花溪、白云、乌当、小河区(含金阳区)范围内以管道输送形式向用户供应人工煤气、天然气及其他气体燃料,并提供相关管道燃气设施的维护、运行、抢修抢险等业务

续表

序号	被授权公司	授权单位	合同名称	主要内容
2	贵州燃气习水县公司	贵州省习水县城镇管理局	《习水县城西区管道天然气特许经营协议》	授权贵州燃气习水县公司在习水县现行行政辖区2011—2030年30平方公里总体规划区内，独家投资、建设、运营、维护、更新、改造天然气设施，以管道输送形式独家向用户供应天然气和汽车加气；提供相关天然气设施的抢修抢险业务
3	发行人	桐梓县城镇管理局	《桐梓县城规划区管道燃气特许经营协议》	授权发行人在当地设立的子公司（即桐梓燃气公司）在桐梓县县城等管辖区域内，通过建设燃气管网设施，以管道输送形式向用户（居民用户、公建用户、商业用户、工业用户）供应燃气，并提供设施维护、运行、抢修抢险服务，以及指定区域内的车用燃气站建设及经营服务
4	安顺燃气公司	安顺市建设局	《安顺市城市管道燃气特许经营协议》	授权安顺燃气公司在安顺市城区规划范围（安顺市总体规划2001—2020）内建设管道燃气设施和以城市管道供气为气源的汽车加气设施，经营管道燃气业务和以城市管道供气为气源的汽车加气业务，提供相关管道燃气设施的维修、抢修抢险等服务
5	发行人	都匀市公用事业局	《都匀市城市管道燃气特许经营协议》	授权贵州燃气有限[1]在当地设立的子公司（即都匀燃气公司）在都匀市城区规划范围（都匀市总体规划2001—2020年）建设管道燃气设施和汽车加气站，经营管道燃气业务的汽车加气业务，提供相关燃气设施的维修、抢修抢险等服务

① 贵州燃气有限，是指贵州燃气（集团）有限责任公司。

续表

序号	被授权公司	授权单位	合同名称	主要内容
6	发行人	惠水县人民政府	《惠水县管道燃气特许经营协议》	授权贵州燃气有限在惠水县城区（和平镇）、高镇镇、工业园区和经济开发区建设管道燃气设施和汽车加气站，向居民用户、工业用户、公建（商业）用户、汽车用户等提供管道燃气业务和汽车加气业务，提供相关燃气设施的维修、抢修抢险等服务
7	发行人	仁怀市人民政府	《仁怀市城市管道燃气特许经营协议》	授权贵州燃气有限在仁怀市行政管辖区域内的中枢街道办事处、茅台镇（合称中茅辖区）以管道输送形式向用户供应天然气、石油液化气及其他气体燃料，并提供管道燃气设施的建设、维护、运行、抢修抢险等业务；允许但不独家开发机动车油改气及其加气业务
8	贵州燃气有限	贵州省毕节市人民政府	《毕节市城市管道燃气特许经营协议》	授权贵州燃气有限在当地设立的子公司（即毕节燃气公司）在毕节市城区规划范围建设管道燃气设施和汽车加气站，经营管道燃气业务和汽车加气业务，提供相关燃气设施的维修、抢修抢险等服务
9	发行人	遵义县人民政府	《遵义县城区管道燃气特许经营协议》	授权贵州燃气有限在当地设立的子公司（即播州区燃气公司）在遵义县县城规划区（含南白、龙坑两城区）内建设管道燃气设施，经营管道燃气业务，提供相关燃气设施的维修、抢修抢险等服务
10	发行人	龙里县人民政府	《龙里县城市管道燃气特许经营协议》	授权贵州燃气有限在龙里县城规划区、工业园区内建设管道燃气设施和汽车加气站，经营管道燃气业务的汽车加气业务，提供相关燃气设施的维修、抢修抢险等服务

（六）股权转让不等于特许经营权转让

原建设部的规章、众多地方法规都把“擅自转让特许经营权”列为取消特许经营权的法定情形之一，该条款也成为特许经营协议的标配。但是，何种情形属于“转让”特许经营权，有待进一步明确。

进入燃气市场的实践中，很少出现当事双方签订协议直接约定“转让特许经营权”的情形；即便有个案，也是事先与当地政府沟通一致，征得政府同意后才签署转让协议。大多数都是通过股权收购的形式，取得对目标燃气企业的控制，进入当地燃气市场。在股权收购的情形下，是否构成“转让特许经营权”，存在争议。有的观点认为：通过股权转让，退出享有特许经营权的目标公司，获得转让价款，属于变相转让特许经营权。多数观点认为：股权转让是《中华人民共和国公司法》赋予股东的权利，转让燃气企业的股权并未违反任何法律法规的强制性规定，不能认定为转让特许经营权。

持构成变相转让观点的人一般认为：最初的管道燃气项目投资者是经过政府考察，或者通过更严格的招标程序选择的，而股权转让后，新的投资者并不为政府熟悉，在资金、技术、管理方面可能无法满足项目建设需要，从而影响建设进度、点火通气。事实上，原有投资者决定退出目标燃气企业，恰恰是在资金、管理等方面出现问题，或者面对庞大的资金需求手足无措，或者出现重大安全事故，或者业务重心调整无意继续经营燃气项目。新的投资者往往更为适格，在目前形势下，多数都是大型燃气集团在开展并购。更为重要的是，在法律层面上，股权并购完全符合法律法规，政府不能臆断股权转让导致了特许经营权的转让，动辄以取消特许经营权施压，阻挠企业正常经营。

有的地方法规对燃气企业股权转让作出了规定。比如，《深圳市市政公用事业特许经营条例》规定“经营者有下列情形之一的，市政府应当责令其限期改正，逾期未改正的，撤销其特许经营权：（一）未经市政府同意，以转让、出租、质押等方式处分特许经营权的；（二）因转让股权而出现不符合特许经营协议约定的授权资格条件的”。《北京市基础设施特许经营条例》规定“特许经营协议可以约定限制项目公司的股权变更”。《山西省市政公用事业特许经营管理条例》规定“因转让股权或者财产而出现不符合许可资格条件的”

构成取消特许经营权的情形之一。若政府需要限制燃气企业股权的转让，则最直接的做法是在特许经营协议中对股权变更进行约定。

对于有意并购燃气企业的投资者而言，尤其应关注当地有关市政公用特许经营的法规、规章，或者特许经营企业签订的特许经营协议对股权转让作出的特别约定，以免并购不为政府接受，产生取消特许经营权的风险。

（七）特定变更事项的事先同意

旧办法第十五条规定："获得特许经营权的企业确需变更名称、地址、法定代表人的，应当提前书面告知主管部门，并经其同意。"但是，并未规定违反该条款的法律后果。而新办法并无类似规定。

公司名称、地址、法定代表人作为公司的登记事项，根据《中华人民共和国公司法》及《中华人民共和国公司登记管理条例》，"公司变更登记事项，应当向原公司登记机关申请变更登记"，依法向公司登记机关申请办理变更登记即可。在法律、行政法规已有规定的情况下，特别是结合《中华人民共和国行政许可法》的规定来看，新办法有关提前征得主管部门同意方可变更的规定缺乏法律依据，早已不合时宜。

但是，在燃气行业经营实践中，涉及股权并购引起的公司名称、地址、法定代表人变更，若未提前与政府或主管部门沟通一致，往往会给后续投资者的经营带来一系列麻烦。

（八）特许经营期满的资产移交

《城市管道燃气特许经营协议示范文本》第4.5条涉及"资产归属与处置原则"条款表述如下："（1）谁投资谁所有；（2）资产处置以甲乙双方认定的中介机构对乙方资产评估的结果为依据；（3）乙方不再拥有特许经营权时，其资产必须进行移交，并按评估结果获得补偿。"特许经营期满后，政府关注的核心往往是"其资产必须进行移交"，而燃气企业关注的核心是"按评估结果获得补偿"。

新办法出台前，实践中签订的特许经营协议一般均以前述示范文本作为签约文本，资产移交条款也是原封不动予以沿用。新办法出台后，不少地方政府以新办法第五条中"在一定期限内，政府授予特许经营者投资新建或改扩建、运营基础设施和公用事业，期限届满移交政府”的规定为由，主张该条款即为 BOT 条款，要求燃气企业在特许经营期满后无偿移交资产。例如，2019 年 3 月，《玉田县孤树镇等 9 个区域燃气特许经营权项目公开招标公告》载明：“在特许经营期满后，项目公司将运行良好的燃气经营项目完好无损地、无偿地移交给玉田县人民政府。”

BOT 并非等同于无偿移交。除了《中华人民共和国公路法》第六十五条第二款“由国内外经济组织依照本法规定投资建成并经营的收费公路，约定的经营期限届满，该公路由国家无偿收回，由有关交通主管部门管理”，可以看作特许经营期满后无偿移交的条款，此外并无其他法律法规规定特许经营期限届满后必须无偿移交资产。而 BOT 作为舶来品，在 1995 年《关于试办外商投资特许权项目审批管理有关问题的通知》中“拟采用建设—运营—移交的投资方式（通称 BOT 投资方式），试办外商投资的基础设施项目”的表述与“在特许期内，项目公司拥有特许权项目设施的所有权”似乎就矛盾了。因为按照有些人的观点，建设—运营—移交是 BOT，而建设—拥有—运营—移交则是 BOOT。

无论是 BOT 还是 BOOT，均无法律法规明确资产移交应该有偿还是无偿，其实该问题是留给协议双方协商解决的。就新办法的条文本身而言，“期限届满移交政府”并未明确移交是有偿还是无偿，最终还是需要由协议双方进行协商。需要注意的是，无偿移交对于燃气事业发展、社会公共利益均有负面影响。燃气行业是一个需要长期投资，不断持续投入建设的行业，无偿移交会让经营者在临近期满时缺乏投资冲动，限制企业的建设规模，反而不利于燃气事业的长远发展。

（九）大工业用户直供对特许经营权的侵蚀

所谓直供，就是气源单位绕过当地享有管道燃气特许经营权的企业，直接向大工业用户供气。近年来，大工业用户直供的呼声甚嚣尘上。国家发改委等 13 家国家部委《关于推进天然气利用的意见》规定“建立用户自主选择资源和供气路径的机制。用户可自主选择资源方和供气路径，减少供气层级，降低用气成本”，更是被不少人作为直供的尚方宝剑。成都、安徽、辽宁相关政府部门出台的文件、工作方案中也使用了直供的表述，如“推行大用户直销直供，促进天然气输配售环节公平竞争”“鼓励大用户直供并协商确定用气价格”等。

无论政府部门的初衷是多么美好、多么善良、多么高尚，在现有的法律框架下，直供无疑是与法治背道而驰的一种做法。

从行政法角度而言，信赖利益保护原则是行政法的一项基本原则。政府授予燃气企业特许经营权后，企业基于政府的公信力，业已投入大量财力物力，非经法定程序不得撤销，企业合法利益应受到保护。在特许经营行政许可未被撤销的情况下，政府又同意直供，无疑是对自身特许许可的违背。况且，结合《中华人民共和国行政许可法》有关必须通过公开竞争方式授予特许许可的规定，政府允许直供的行为，属于一种严重违反法定程序的行政行为。

从合同法角度来看，政府允许直供违反了特许经营协议项下维护燃气企业特许经营权完整的合同义务。直供的做法在侵害管道燃气企业特许经营权的同时，又令政府部门处于违约的尴尬境地。

从实务的角度来看，大工业用户直供留给政府、上游气源单位的空间无疑是超乎想象的大。年用气量 1000 万方算大用户，还是 3000 万方、5000 万方、过亿方？对此目前并无任何界定。有业内人士指出，一旦政府放开大工业用户直供，政府就需要承担起责任，由财政或落实上游气源单位向管道燃气企业提供补贴，以保障燃气企业能够继续对居民提供普遍服务义务。

2019 年 11 月 4 日，国家发改委网站发布公告，为深入贯彻落实党的十八大、十九大精神，按照《中共中央国务院关于推进价格机制改革的若干意见》要求，国家发改委对 2015 年发布的《中央定价目录》进行了全面梳理和修订，形成了《中央定价目录》（修订征求意见稿）。其中，提到：“海上气、页岩气、煤层气、煤制气、液化天然气、直供用户用气、福建省用气、储气设施购销气、交易平台公开交易气以及 2015 年以后投产的进口管道天然气的门站价格，由市场形成；其他国产陆上管道天然气和 2014 年底前投产的进口管道天然气门站价格，暂按现行价格机制管理，视天然气市场化改革进程适时放开由市场形成。”由此看来，国家发改委对于直供的态度是继续持肯定态度。

上游气源单位凭借资源优势攻城略地之时，被卡住脖子的下游燃气企业除了向政府奋力陈情之外，实践中不少受到直供侵害的燃气企业除了从特许经营角度维权之外，往往会从直供所涉及的工程手续瑕疵、影响社会稳定等多方面发声，以便引起政府方面的关注。

燃气行业是公用服务行业，承担了一定的社会责任，在企业长期付出保障民生的背景下，“一刀切”的直供政策显然不足以平衡各方利益，亟须政府主管部门站在更高的角度来思考，以免适得其反，最终影响燃气事业的发展。

二、管道燃气特许经营案例分析

市政公用事业实施特许经营制度至今已近20年，有关管道燃气特许经营方面的诉讼案例并不多，通过中国裁判文书网以及OpenLaw检索，涉及管道燃气特许经营的行政诉讼案件近40起、民事诉讼案件20多起，而近几年来有关的诉讼案件呈大幅上升趋势。从涉案法律文书分析可见，有关特许经营法律问题上，司法实践争议颇大，从另一个侧面反映出立法层面的滞后。

（一）取消特许经营权的情形

取消特许经营权的情形可以分为法定情形和约定情形，法定情形主要包括《市政公用事业特许经营管理办法》以及各地有关特许经营地方法规、规章所列举的内容，包括：擅自转让、出租特许经营权；擅自将所经营的财产进行处置或者抵押；因管理不善，发生重大质量、生产安全事故；擅自停业、歇业，严重影响到社会公共利益和安全；法律、法规禁止的其他行为等。约定情形主要是在特许经营协议中，政府与特许经营者约定了逾期缴纳履约保证金、逾期竣工、逾期点火通气等作为取消特许经营的事由。吉林省松原市2017年7月4日发生的城市燃气管道泄漏爆炸较大事故导致燃气公司被取消特许经营权，便是因安全事故导致特许经营权被取消的典型案例。

在法定取消事由方面，现有规章规定得比较笼统，给予政府过宽的自由裁量空间。例如，“擅自将所经营的财产进行处置或者抵押”未限定财产范围，立法本意应是指用于供气经营的“燃气设施类”财产，而燃气企业还有车辆、办公楼等非燃气设施类财产，更有一些燃气企业除了燃气业务，还有其他与燃气经营无关的业务，因此把车辆、办公楼等非燃气设施类财产排除为宜。“法律、法规禁止的其他行为”这一兜底条款更是给政府提供了更大的裁量空间，理论上，违反与燃气经营、特许经营无关的其他任何法律法规行为（如违反劳动保障、社会保险、税收等方面的法律法规），都可以成为政府取消特许经营权的理由。

在约定取消事由方面，特许经营协议谈判时，有的地方政府把用户投诉率、主管部门考核评比结果等诸多不尽合理的指标都列为取消事由。燃气企业对此应高度重视，积极与政府方面沟通、解释，争取删除该等主观性强、容易引发争议的约定事由。

司法实践中，以特许经营者没有履行投资建设等协议约定义务为由取消特许经营权的案例比较多，适用法定情形的案例反而少见。

例如，上诉人辽宁某燃气公司不服被收回工业燃气特许经营权一案中，二审法院认为：按照上诉人与建平陶瓷工业园管理委员会签订的协议，上诉人应在2013年2月5日前将天然气主管道接入建平境内，但在建平县人民政府于2012年12月21日作出本案被诉具体行政行为时，上诉人的实际行为状态决定了在约定期限内不能完成应履行义务的事实，建平县人民政府收回上诉人的工业燃气特许经营权并无不当。可见，政府是以上诉人未能在约定期限内完成管道建设为由而收回特许经营权。①

在原告某燃气公司诉被告武汉市江夏区城市管理委员会能源管理行政合同一案中，法院认为：本案特许经营协议中，原告的义务包括“制定管道燃气发展的远、近期投资计划，按照城市总体规划及燃气专业规划的要求组织投资建设”。根据本院查明的事实，原告在起诉前一直未完成金口地区的初步设计和工程实施方案，亦未按照江夏区燃气专项规划要求进行金口地区的建设。该事实表明原告迟延履行义务，导致金口地区供气的目的不能实现，合同解除的法定条件成立，被告享有合同解除权。在该案例中，法院是适用《中华人民共和国合同法》第九十四条第（四）项规定，认定被告享有解除权。②

又如，江苏宝应县住建局在关于取消某燃气公司在山阳镇管道燃气项目特许经营权的报告（宝建发〔2018〕22号）中提及：我局2014年12月31

---

① 参见中国裁判文书网，案号：(2014) 朝行终字第00006号。

② 参见中国裁判文书网，案号：(2015) 鄂武东开行初字第00022号。

日与燃气公司签订《宝应县城市管道燃气项目特许经营协议》（以下简称《协议》），特许经营权有效期限为30年，自2014年12月31日起至2044年12月30日止，《协议》明确了双方的权利和义务，燃气公司必须在2年内完成管网敷设实现供气。然而，自《协议》生效以来，燃气公司由于内部管理等方面问题，燃气工程进展严重缓慢，一直没有按照《协议》约定的相关条款加快实施该管道燃气项目。

（二）未经招投标授予特许经营权的效力问题

1. 部分法院认为未经招投标程序授予特许经营权的行为违法

江苏省高级人民法院在赣榆某燃气公司与连云港市赣榆区人民政府、连云港某燃气公司特许经营权一案中认为：《市政公用事业特许经营管理办法》第八条规定，主管部门应当依照向社会公开发布招标条件、受理投标等程序选择市政公用事业特许经营项目的投资者或者经营者。《江苏省燃气管理条例》第十三条规定，管道燃气经营实行特许经营制度。特许经营权的授予，应当采取招标投标等公开、公平的方式。《江苏省管道燃气特许经营管理办法》第七条规定，管道燃气经营权的授予，应当按照《江苏省燃气管理条例》的规定，采取招标投标等公开、公平的方式，选择特许经营企业授予管道燃气经营权。本案所涉被诉特许经营权应当根据上述法律规范所确定的程序，依法经过招投标等程序方可授予，而原赣榆县政府并未依照上述法律规范规定的程序授予连云港某燃气公司被诉特许经营权；且被诉特许经营权在原赣榆县政府已授予赣榆某燃气公司的特许经营权范围内，原赣榆县政府授予连云港某燃气公司被诉特许经营权的行为不符合其与赣榆某燃气公司的特许经营约定。故原赣榆县政府授予连云港某燃气公司被诉特许经营权的行为违法。①

海南省高级人民法院在上诉人海南某燃气公司、某燃气公司儋州分公司与被上诉人儋州市人民政府及原审第三人儋州滨海新区管理委员会、中海石油管道输气有限公司行政许可纠纷一案中，南宁市中级人民法院在原告南宁市某管道燃气发展有限责任公司诉被告武鸣县人民政府、武鸣县住房和城乡

---

① 参见中国裁判文书网，案号：（2014）苏行终字第00158号。

规划建设局能源行政许可一案中，亦持上述观点。①

以未履行招标程序来否定特许经营权效力的观点，多数是以《中华人民共和国行政许可法》以及地方法规有关特许经营招标的规定为依据。《中华人民共和国行政许可法》第十二条规定可以设定行政许可的事项包括“直接关系公共利益的特定行业的市场准入”的事项，结合《中华人民共和国行政许可法释义》“专营权利的赋予，即特定行业的市场准入，主要是公用事业服务等行业，如自来水、煤气、电力、电信、邮政等与人民群众日常生活、公共利益密切相关的行业。这些行业由于其整体性和统一性的特点，无法放开竞争，放开竞争容易影响其服务效能。因此，进入这些行业要实行准入制度，要设定比较高的门槛，以使进入者能为公众提供优质服务”② 来理解，燃气经营也应属于实行市场准入的事项。而《中华人民共和国行政许可法》第五十三条第一款规定，实施本法第十二条第二项所列事项的行政许可的，行政机关应当通过招标、拍卖等公平竞争的方式作出决定。就地方法规而言，以福建省为例，《福建省燃气管理条例》第十二条第三款规定，管道燃气特许经营权的授予，应当依法通过招标方式作出决定。

2. 也有法院认为未经招标不影响合同效力

例如，武汉市东湖新技术开发区法院在原告某燃气公司诉被告武汉市江夏区城市管理委员会能源管理行政合同一案中认为：根据《中华人民共和国合同法》的相关规定，原、被告签订特许经营协议属双方自愿，对原、被告双方具有法律约束力。针对被告称协议无效的观点，虽《中华人民共和国行政许可法》对有限自然资源开发利用、公共资源配置以及直接关系公共利益的特定行业的市场准入等事项的行政许可设定了通过招标、拍卖等公平竞争的方式，但根据特许经营协议具备的强管理性特点，该规定应当为首先对行政机关行为模式的约束，行政相对人在特许经营准入模式上属被动接受方，其在特许经营准入模式上没有选择权。故根据诚实信用原则，被告不能因为该协议未经过招标、拍卖方式而否定协议效力，该规定应当属于管理性强制

---

① 参见中国裁判文书网，案号分别为：(2012) 琼行终字第4号、(2014) 南市行一初字第25号。

② 参见中国人大网，http://www.npc.gov.cn/npc/c2188/200410/399aa5664c684ae794ce7371af1b64d2.shtml，2019年10月25日访问。

性条款。根据《中华人民共和国合同法》第五十二条第（五）项及《最高人民法院关于适用〈中华人民共和国合同法〉若干问题的解释（二）》第十四条的规定，只有违反效力性强制性条款的合同才能被认定无效。故本案协议应当为有效合同，被告的上述观点，本院不予支持。

在该案中，审理法院认为《中华人民共和国行政许可法》关于招标、拍卖的规定是管理性强制性条款，而非效力性强制性条款，违反该条款并不导致合同无效。

3. 有的法院在认定未经招标存在程序瑕疵的同时，作出不予撤销的裁判

例如，在原告某燃气有限责任公司请求撤销田阳县人民政府赋予某清洁能源公司田阳县管道燃气特许经营权的具体行政行为一案中，百色市中级人民法院认为：田阳县人民政府依法与清洁能源公司签订《田阳县管道燃气特许经营协议》，并依法向社会进行了公示，因此，清洁能源公司取得田阳县管道燃气特许经营权是合法的。在此期间作为原告也在田东县和平果县同样通过招商引资方式以政府授权形式取得这两个县的管道燃气特许经营权，广西绝大部分县（区）都是通过招商方式以政府授权形式取得管道燃气特许经营权，如果认定在当时特定的投资环境下没有通过招投标方式取得燃气特许经营权违法，那么包括原告在内的广西绝大部分县（区）内已取得的燃气特许经营权均是违法的，广西管道燃气市场面临全部推倒重来的重大风险。虽然田阳县人民政府在授予清洁能源公司管道燃气特许经营权时未进行招投标，程序上存在瑕疵，但是根据《中华人民共和国行政许可法》第六十九条第三款规定，撤销行政许可，可能对公共利益造成重大损害的，不予撤销。如果本案撤销田阳县人民政府依法与清洁能源公司签订的《田阳县管道燃气特许经营协议》，会对田阳县人民群众的公共利益造成重大损害，因此，不应该撤销。①

4. 有些法院则把招投标法中建设工程的招标与选择燃气特许经营者的招标混为一谈

例如，荆门市中级人民法院在某燃气公司诉荆门市人民政府行政复议纠

---

① 参见中国裁判文书网，案号：（2014）百中行初字第1号。

纷一案中认为：根据《中华人民共和国招标投标法》第三条“在中华人民共和国境内进行下列工程建设项目包括项目的勘察、设计、施工、监理以及与工程建设有关的重要设备、材料等的采购，必须进行招标：（一）大型基础设施、公用事业等关系社会公共利益、公众安全的项目……”、《工程建设项目招标范围和规模标准规定》（国家发展计划委员会令第3号）第三条“关系社会公共利益、公共安全的公用事业项目的范围包括：（一）供水、供电、供气、供热等市政工程项目……”及《湖北省燃气管理条例》第十六条第一款、第二款“管道燃气实行特许经营制度。燃气主管部门依据同级人民政府的授权，负责本行政区域内管道燃气特许经营的具体实施。特许经营权的授予符合招标投标条件的，应当采取招标投标的方式进行”的规定，本案原告在京山县部分乡镇进行管道天然气的投资、建设和经营属于供气市政工程项目，作为燃气主管部门的京山县城市管理局依法应当组织招标投标程序。①

事实上，《中华人民共和国招标投标法》及部门规章规定的“供水、供电、供气、供热等市政工程项目”的招标指的是具体一个工程项目的设计、施工、监理环节的招标，而特许经营权的招标是选择准入燃气经营市场的特许经营者的招标，两者招标对象不同，完全不是一回事。

此外，需要关注的是，2018 年 6 月 11 日，国家发改委印发了《必须招标的基础设施和公用事业项目范围规定》（发改法规规〔2018〕843 号，以下简称 843 号文），大幅缩小必须招标的大型基础设施、公用事业项目范围，进一步扩大市场主体特别是民营企业自主权。843 号文将原《工程建设项目招标范围和规模标准规定》规定的十二大类必须招标的基础设施和公用事业项目，压缩到能源、交通、通信、水利、城建五大类，大幅放宽对市场主体特别是民营企业选择发包方式的限制。具体来看，删除了民间资本投资较多的商品住宅项目、科教文卫体和旅游项目、市政工程项目、生态环境保护项目等；此外，删除了“其他基础设施项目”和“其他公用事业项目”的兜底条款，避免这一范围在执行中被任意扩大。可见，843 号文出台后，更不能把工程招标与特许经营权招标混为一谈。

---

① 参见中国裁判文书网，案号：（2014）鄂荆门行初字第 00009 号。

（三）行政行为违法并不必然导致取消特许经营权

江苏省高级人民法院在赣榆某燃气公司与连云港市赣榆区人民政府、连云港某燃气公司特许经营权一案中认为：《最高人民法院关于适用〈中华人民共和国行政诉讼法〉若干问题的解释》第五十八条规定，被诉具体行政行为违法，但撤销该具体行政行为将会给国家利益或者公共利益造成重大损失的，人民法院应当作出确认被诉具体行政行为违法的判决，并责令被诉行政机关采取相应的补救措施；造成损害的，依法判决承担赔偿责任。因本案所涉特许经营的产品为天然气，是涉及居民生活和企业生产的重要生活与生产资料，该能源作为清洁能源在环境治理等方面亦发挥重大作用，且随着赣榆地区经济的迅速发展和群众生活需求的提高，对该能源的需求不断增长，该能源的供给问题直接关系到该地区经济发展、社会生活、环境保护等公共利益。本案中，连云港某燃气公司目前向赣榆区的年供气量约 6000 万立方米，而目前赣榆某燃气公司向赣榆区的年供气量约 300 万立方米，因此，如果撤销原赣榆县政府授予连云港某燃气公司的被诉特许经营权，将会对赣榆区的经济发展、社会生活、环境保护等公共利益产生重大不利影响。据此，原审法院认定被诉特许经营权不宜撤销，并依法作出确认原赣榆县政府授予连云港某燃气公司的被诉特许经营权违法及原赣榆县政府应在判决生效后六个月内采取相应补救措施的判决并无不当。

再如，在某燃气公司诉寿光市人民政府、潍坊市人民政府解除政府特许经营协议案中，山东省高级人民法院认为：被上诉人寿光市政府作出 47 号通知收回上诉人燃气经营区域授权的行为，事实清楚，证据充分，但违反法定程序，应当确认该被诉行政行为违法。因本案涉及寿光市供气公共事业，上诉人长期不能完成燃气项目建设，无法实现经营区域内的供气目的，达到解除特许经营协议的法定条件，且经营区域内燃气项目特许经营权已经实际授予他人，行政行为一旦撤销不仅会影响他人已获得的合法权益，而且会影响居民用气，损害区域内公共利益，故对上诉人提出撤销被诉行政行为的诉讼请求，不予支持。因燃气项目已经开工建设，被上诉人寿光市政府收回上诉人燃气经营区域授权的行为必然令其造成一定程度的损失，在该行政行为被确认违法又不宜撤销的情况下，被上诉人寿光市政府依法应当采取相应的补救措施。①

百色市中级人民法院在原告田阳某燃气有限责任公司请求撤销田阳县人民政府赋予清洁能源有限公司田阳县管道燃气特许经营权的具体行政行为一案中，最高人民法院在再审申请人广西梧州市某管道燃气发展有限责任公司因与被申请人苍梧县人民政府、苍梧县住房和城乡建设局、广西某能源有限公司及二审上诉人梧州市市政和园林管理局特许经营合同纠纷一案中，新疆维吾尔自治区高级人民法院在上诉人新疆兴源建设集团有限公司、上诉人和田天瑞燃气有限责任公司因与上诉人和田市人民政府、上诉人和田市住房和城乡建设局行政合同一案中，均确认了被诉行政行为违法，但不撤销行政行为。

需注意的是，不撤销行政行为并不代表行政机关不承担责任，在上述众多案件中，法院均判决行政机关采取补救措施。只是如何采取补救措施，在执行中，确实是一个难题。

（四）特许经营权是否具有排他性

管道燃气特许经营权是否具有排他性，目前法律法规并无明文规定，一般是从管道燃气的自然垄断属性出发把它理解为在特定区域内当然具有排他性。大多数特许经营者与政府所签订的特许经营协议是参照《管道燃气特许经营协议示范文本》（GF－2004－2502）内容对特许经营权的定义进行了约定：是指本协议中甲方授予乙方的、在特许经营期限内独家在特许经营区域范围内运营、维护市政管道燃气设施、以管道输送形式向用户供应燃气，提供相关管道燃气设施的抢修抢险业务等并收取费用的权利。

海南省高级人民法院在上诉人海南某燃气公司、海南某燃气公司儋州分公司诉被上诉人儋州市人民政府及原审第三人儋州滨海新区管理委员会、中海石油管道输气有限公司行政许可纠纷一案中认为：上诉人主张其在儋州市行政区域内具有排他性的燃气供应经营权和建设开发权，主要证据是儋州市政府的“72号批复”“247号复函”和“187号批复”以及2003年3月18日儋州市建设局与上诉人签订的《开发儋州市管道燃气工程项目协议》等，但这些“批复”“复函”及协议均未明确上诉人在儋州市行政区域内具有排他

① 参见中国裁判文书网，案号：（2017）鲁行终191号。

性的燃气供气经营权和建设开发权。我国法律、法规等也并无特许经营权即为排他性经营权的规定。由此，上诉人主张其在儋州市行政区域内具有排他性的燃气供应经营权和建设开发权没有事实依据和法律依据。

而田阳县人民法院在原告某清洁能源有限公司不服被告百色新山铝产业示范园管理委员会能源行政许可行为纠纷一案中则明确阐述：特许经营权是有权政府按照规定的程序授予符合条件的申请人的一项权利，其在特定区域特定范围内具有独占性和排他性。①

也有观点认为特许经营权是否独家需要根据约定。比如，贵州燃气集团股份有限公司的《首次公开发行股票招股说明书（申报稿）》论及："由于发行人与贵州百里杜鹃管委会、遵义市城市管理局签订的 2 项特许经营协议中未约定该特许经营权属于独家性质，因此发行人在百里杜鹃地区及遵义市地区仍存在潜在竞争对手进入的风险。如未来在上述未约定独家性质的特许经营权经营区域出现竞争对手，将对发行人生产经营活动造成一定的不利影响"。

（五）管委会重复授予特许经营权问题

在国内，除各级人民政府外，还有形形色色的管委会：高新区管委会、经开区管委会、产业园管委会等，不少管委会负责人的行政职务级别与当地一级政府平级，甚至高于当地一级政府。从现有特许经营法规、规章的规定而言，未经县级以上人民政府授权，管委会作为特许经营权授权主体是存在瑕疵的。然而，实践中，不少管委会不仅在空白项目上签署特许经营协议，有的还在当地一级政府已经签署特许经营权协议的情况下，另起炉灶，另签协议，以致纷争四起。

在原告 A 公司请求撤销田阳县人民政府赋予 B 公司田阳县管道燃气特许经营权的具体行政行为一案中，百色市中级人民法院认为：百色新山铝产业示范园位于田阳县行政管理区域内，属于田阳县人民政府的行政管辖范围，依照我国燃气管理条例第四条、第五条之规定应由田阳县人民政府市政管理局进行属地管理，被告田阳县人民政府在自己管辖的行政区域范围内，有权与 B 公司签订《田阳县管道燃气特许经营协议》，并授予 B 公司管道燃气特

① 参见中国裁判文书网，案号：(2014) 阳行初字第 5 号。

许经营权，被告依法赋予B公司特许经营权不属于超越职权的行为。新山管委会不顾B公司已经取得田阳县辖区内管道燃气特许经营权的事实，又授权给新山开发投资公司与原告签订了《百色新山铝产业示范园管道燃气特许经营协议》，该协议特许经营的辖区与B公司经营的辖区重叠。另外，根据《民政部关于行政区划调整变更审批程序和纪律的规定》的规定，行政区划调整变更是：县级以上行政区划单位的设立、撤销、隶属关系的变更、更名、区域界限的调整以及政府驻地的迁移等事项。上述调整有严格的审批程序，原告没有任何证据证明田阳县的行政区划已进行调整，因此原告主张被告未将百色新山铝产业示范园的管道燃气特许经营权排除在其赋予第三人B公司特许经营权范围之外属超越职权的行为，没有事实和法律依据。

（六）侵犯在先特许经营权问题

鉴于特许经营权“一女二嫁”的事件屡屡发生，“秉持诚实，恪守承诺”在特许经营协议的履行过程中显得尤为重要，新办法明确规定“行政区划调整，政府换届、部门调整和负责人变更，不得影响特许经营协议履行”。

最高人民法院在再审申请人某燃气公司与被申请人苍梧县人民政府、苍梧县住房和城乡建设局、某能源公司及二审上诉人梧州市市政和园林管理局特许经营合同纠纷一案中认为：本案中，被诉的行政行为是苍梧县政府与某能源公司于2013年2月25日签订《特许经营合同》的行为，人民法院应对该行为的合法性进行审查。在苍梧县政府与某能源公司签订《特许经营合同》之前，经苍梧县政府授权，苍梧县建设局已与梧州某燃气公司于2010年4月23日签订了《苍梧县管道燃气特许经营协议书》，该协议合法有效，燃气公司因此取得合同约定的管道燃气特许经营权。在苍梧县政府与某能源公司签订《特许经营合同》之时，与某燃气公司签订的《特许经营协议》并未依法解除或者撤销，两份合同在约定的特许经营权地域和期限上基本一致，苍梧县政府中止某燃气公司的特许经营权，将该经营权授予某能源公司，系属擅自改变已生效的行政许可的行政行为，违反法定程序，亦损害了某燃气公司的信赖利益，一审、二审法院确认被诉行政行为违法，并无不当。①

① 参见中国裁判文书网，案号：(2015) 行监字第2035号。

（七）签约主体的瑕疵问题

旧办法规定的特许经营授权主体是直辖市、市、县人民政府或者经直辖市、市、县人民政府授权的市政公用事业主管部门，明确是指县人民政府，而非县级以上人民政府。

在原告某燃气公司诉被告濮阳市华龙区人民政府、第三人某天然气有限公司行政其他一案中，法院认为：根据《河南省城镇燃气管理办法》第十二条“省辖市、县（市）人民政府或者其授权的燃气主管部门应当按照有关法律、法规规定，通过市场竞争机制，以招标投标方式选择管道燃气投资企业或者经营企业，并签订特许经营协议”之规定，被告与第三人所签订合同中涉及特许经营权授予条款属于行政诉讼审查范围，本案被告将濮东产业集聚区燃气特许经营权授予第三人的行为违反了《河南省城镇燃气管理办法》第十二条的规定，系超越职权的行为。[①] 在新办法实施后，区人民政府属于有权授予特许经营权的主体。

在特许经营权纠纷中，在与政府发生争议的情况下，一些细小的瑕疵都会受到严格审视。比如，荆门市中级人民法院在某天然气有限责任公司诉荆门市人民政府行政复议纠纷一案中认为：京编发〔2012〕23 号文件是京山县城市管理局主要职责、内设机构和人员编制的三定方案，该方案规定了京山县城市管理局负责市政公用行业特许经营制度的实施、管理，但该管理权不能替代批准权，京山县城市管理局作为市政公用事业的主管部门，其与市政公用事业的投资者或者经营者签订特许经营协议时须经京山县人民政府的批准。本案中，京山县城市管理局未依法组织招标投标程序，也没有经京山县人民政府的批准，违反法定程序与原告签订了《框架协议书》。[②]

从上述荆门市中级人民法院的意见可以看出，法院是严格适用旧办法规定认定市政公用事业的主管部门签订特许经营协议须经县政府批准。但是，萍乡市中级人民法院的观点却截然不同，在上诉人某公司因与被上诉人上栗县住房和城乡建设局合同纠纷一案中，萍乡市中级人民法院认为：关于该协议的效力

① 参见中国裁判文书网，案号：（2015）范行初字第 00001 号。

② 参见中国裁判文书网，案号：（2014）鄂荆门行初字第 00009 号。

问题。被上诉人作为市政公用事业的相应主管部门，其具有完全的行为能力，法律并未规定其作为一方主体与相对方签订《特许经营协议》需经过其他主体授权。而根据相关证据显示，在协议签订后，上栗县政府各职能部门为上诉人办理了相关批准手续，上诉人也进行了部分工程建设，上栗县政府也已以协调会等形式参与了相应纠纷的处理，对于《上栗县管道燃气特许经营协议》的签订，上栗县政府应为明知。另外，法律亦未规定《管道燃气特许经营协议》需要以“批准、登记”作为生效的前提条件，双方签订该协议亦不符合《中华人民共和国合同法》规定的合同效力待定的情形，上诉人与被上诉人签订的《上栗县管道燃气特许经营协议》应属有效，一审判决认定双方签订的《上栗县管道燃气特许经营协议》为效力待定的民事合同明显不当，本院予以纠正。①

（八）取消特许经营权的法定程序

旧办法规定：对获得特许经营权的企业取消特许经营权并实施临时接管的，必须按照有关法律、法规的规定进行，并召开听证会。

新疆维吾尔自治区高级人民法院在上诉人兴源公司、上诉人某燃气公司因与上诉人和田市人民政府、上诉人和田市住房和城乡建设局行政合同一案中认为：解除特许经营协议、取消其特许经营权，属于对相对人的权益产生重大影响的行政处罚事项。和田市政府在作出《合同解除通知函》之前，应当依法告知兴源公司与某燃气公司违法的事实、适用的法律以及拟作出的行政处罚，听取兴源公司与某燃气公司的陈述、申辩，并告知其有要求举行听证的权利，兴源公司与某燃气公司要求听证的，应当组织听证。和田市政府未履行告知义务，剥夺了相对人的申辩、陈述和举行听证的权利，其行为违反法定程序，构成违法。如上所述，作为行政合同，政府特许经营协议在当事人地位、合同内容、适用的法律规则等方面均不同于民事合同。在民事合同中，当事人一方依照合同法的相关规定，向另一方发出解除合同通知的行为当然不违法。但是在行政合同中，合法的行政行为不仅要有充分的事实和法律依据，而且要遵循法定的程序。和田市政府将作出《合同解除通知函》等同于一般的民事行为，无法律依据。②

---

① 参见中国裁判文书网，案号：(2014) 萍民二终字第130号。

② 参见中国裁判文书网，案号：(2015) 新行终字第29号。

（九）特许经营权主体问题

旧办法只规定了特许经营者的选择，囿于当时对特许经营制度的认识，规定得比较笼统、原则，未考虑特许经营者与项目经营者的关系问题。在特许经营项目中，往往是获得特许经营权投资者，在项目所在地设立具有法人资格的项目公司，作为特许经营项目建设、运营的主体。在实施特许经营制度的前期，就经常出现签订特许经营协议、获得特许经营权的主体与项目运营主体不一致的情况，在项目运营过程中，有的政府部门秋后算账时还就此问题问罪于企业，甚至作出取消特许经营权的行为。新办法就很好地解决了这个问题，新办法第十八条规定："……需要成立项目公司的，实施机构应当与依法选定的投资人签订初步协议，约定其在规定期限内注册成立项目公司，并与项目公司签订特许经营协议。"

在原告某燃气公司诉被告泸溪县人民政府管道天然气特许经营协议一案中，第三人自贡华润就认为：经查询工商档案显示，燃气公司在2005年1月19日就已存在，不可能在2012年简单地由另一独立法人湘西华通变名而来。实际情况应该是，2012年，燃气公司以吸收合并的收购方式收购湘西华通，并将湘西华通注销。至此，湘西华通的主体资格已不存在，根据特许经营权的针对性和相对性，在湘西州政府和泸溪县政府未出具任何批文同意的情况下，湘西华通所享有的泸溪县管道天然气特许经营权因主体身份的注销而被泸溪县政府依法收回，燃气公司并不当然地因收购而获得特许经营权。①

在湖北A公司与被告随县人民政府、第三人B公司特许经营权协议纠纷中，一审法院认为：首先，应审查谁是天然气特许经营权的授权对象。本案中，授权对象并非A公司，而是"在随县境内注册经营该项目的独立法人企业"。其次，应审查B公司是否属于协议约定的"在随县境内注册经营该项目的独立法人企业"。一审法院结合查明事实认为B公司作为A公司在随县设立的经营天然气项目的独立法人企业，已经得到A公司的认可。随县政府在将随县天然气项目经营权授予B公司前，已经有充分的理由和依据认定B公司系A公司"在随县境内注册经营该项目的独立法人企业"，故随县政府与B

---

① 参见中国裁判文书网，案号：湘西自治州（2015）州行初字第40号。

公司签订特许经营权协议并未构成违约行为，随县政府不应承担法律责任。二审维持了原判。之所以A公司会起诉，就是因为当初设立B公司的股东并非A公司，而是“A公司的股东、法定代表人代某某及副总经理聂某某、邓某某三人”，但是A公司自身以及随县政府均以书面等形式予以了认可。[①]

在涉及燃气企业股权投资并购实务中，投资者应分析特许经营协议的约定内容，协议是否明确特许经营权授予新成立的项目公司，或者项目公司自动承接签约主体的权利义务，核查后续政府是否另行单独批复授予项目公司特许经营权。若特许经营权主体仍为目标公司股权出让方，则投资者应要求出让方负责将特许经营权主体变更为目标公司。

（十）特许经营协议是行政合同还是民事合同

特许经营协议的法律性质，无论是理论界还是实务界，一直以来都存在争议。争议的主要观点：一是主张特许经营协议属于行政合同，“政府特许经营协议是一种行政性契约，是借助契约手段实现行政目的的行政合同”[②]；二是主张特许经营协议是民事合同，“政府特许经营协议是在政府和受许人平等自愿的基础上签订的合同，并按照约定承担相应的义务并享有相应的权利”[③]。

2015年5月1日，《最高人民法院关于适用〈中华人民共和国行政诉讼法〉若干问题的解释》的实施，似乎倒向了行政合同说一方，该解释明确把政府特许经营协议列为行政协议纳入了行政诉讼的受案范围。然而，随着PPP项目的兴起，国家发改委、财政部相继出台有关规范性文件以及协议范本，特许经营协议的法律性质争议变得更加激烈。

司法实践上，尽管《中华人民共和国行政诉讼法》将“政府特许经营协议”归类为“行政协议”，但是，法院并不必然将政府签订的所有特许经营协议都认定为“行政协议”。在河南某公路建设投资有限公司诉辉县市人民政府合同纠纷案中，最高人民法院认为：本案是典型的BOT模式的政府特许经营协议。案涉合同的直接目的是建设河南省辉县市上八里至山西省省界关爷坪的新陵公路，而开发项目的主要目的为开发和经营新陵公路，设立新陵公路

---

① 参见中国裁判文书网，案号：（2016）鄂行终452号。

② 邢鸿飞：《政府特许经营协议的行政性》，载《中国法学》2004年第6期，第54页。

③ 周佑勇主编：《行政法学》，武汉大学出版社2013年版，第13页。

收费站，具有营利性质，并非提供向社会公众无偿开放的公共服务。虽然合同的一方当事人为辉县市政府，但合同相对人某公路建设投资有限公司在订立合同及决定合同内容等方面仍享有充分的意思自治，并不受单方行政行为强制，合同内容包括了具体的权利义务及违约责任，均体现了双方当事人的平等、等价协商一致的合意。本案合同并未仅就行政审批或行政许可事项本身进行约定，合同涉及的相关行政审批和行政许可等其他内容，为合同履行行为之一，属于合同的组成部分，不能决定案涉合同的性质。从本案合同的目的、职责、主体、行为、内容等方面看，合同具有明显的民商事法律关系性质，应当定性为民商事合同，不属于新《行政诉讼法》第十二条第（十一）项、《最高人民法院关于适用〈中华人民共和国民事诉讼法〉若干问题的解释》第十一条第二款规定的情形。[①] 此外，在巴中市政府与四川巴万高速公路公司申请确认仲裁协议效力一案中，北京市第二中级人民法院认为：尽管协议的一方当事人巴中市政府和达州市政府为行政机关，但巴万高速路公司作为协议的相对方对在项目建设过程中订立合同及决定合同内容等方面，仍享有充分意思自治的权利，并不受巴中市政府和达州市政府单方行政行为的强制，同时协议还约定巴中市政府和达州市政府保证按照协议约定向巴万高速路公司实施项目建设提供必需的政策支持和必要的协助，且协议还包括了双方具体的权利义务及违约责任等内容，均体现了签约双方当事人平等、等价协商一致的合意。涉案特许权协议并未仅就行政审批或行政许可事项本身进行约定，其涉及的相关行政审批和行政许可等其他内容，均为协议履行行为的一部分，属于该协议的组成部分，并不能仅以此决定涉案协议的实质性质。因此，从涉案特许权协议的目的、主体、职责、双方权利义务等内容考量，该协议不属于《中华人民共和国行政诉讼法》第十二条第（十一）项及《最高人民法院关于适用〈中华人民共和国行政诉讼法〉若干问题的解释》第十一条第二款规定的情形，其具有明显的民商事法律关系特征，应当认定为民商事合同性质。[②]

① 参见中国裁判文书网，案号：(2015) 民一终字第 244 号。
② 参见中国裁判文书网，案号：(2017) 京 02 民特 11 号。

在燃气行业涉及特许经营协议的司法实践中，各地各级法院也是观点各异。

1. 认为特许经营协议属于民事合同

（1）在上诉人兴平市城建局与被上诉人重庆公司确认合同效力纠纷一案中，重庆市第五中级人民法院就特许经营合同认为上诉人兴平市城建局认为：该独家经营权是行政权利，其理由不成立，因为，经营权本身是一种民商事权利，是民事权利的转让，故上诉人兴平市城建局的该上诉理由不成立，予以驳回。关于特许经营合同的性质，既然独家经营权是民事权利，特许经营其本身是民事权利，因此，为特许经营权签订的合同，当然为民事合同。故上诉人兴平市城建局关于本案合同属特许经营合同，而特许经营权属行政权利的上诉理由不成立，予以驳回。①

二审终审后，兴平市城建局继续提起再审申请。重庆市高级人民法院在再审中认为：关于涉案合同的性质问题。《中华人民共和国合同法》第二条第一款规定："本法所称合同是平等主体的自然人、法人、其他组织之间设立、变更、终止民事权利义务关系的协议。"本案中，兴平市城建局、兴平市招商引资办公室按照兴平市人民政府2000年第五次常务会议纪要，向社会公开招商引资，该招商引资行为是政府为促进当地经济发展的商业行为，并非政府依照行政法作出的具体行政行为。重庆公司根据兴平市政府的招商引资细则规定，积极参与竞标，最后中标。在此基础上，本着平等自愿、优势互利的原则，经过双方平等协商、意思表示一致，最终签订了《合作开发天然气合同书》。虽然重庆公司取得的《燃气经营许可证》系陕西省住房和城乡建设厅向其颁发，其性质是行政许可行为。但是，对颁发许可证的行为同经营权转让行为应区分看待。兴平市政府采取招商、招标并签订合同书的方式将兴平市的天然气经营权转让给重庆公司，双方签订的合同书在签订过程、签订主体、当事人权利义务、违约责任、争议解决等方面均具有显著的民事行为特征。原审认定《合作开发天然气合同书》是民事合同并无不当。②

① 参见中国裁判文书网，案号：（2013）渝五中法民终字第03807号。
② 参见中国裁判文书网，案号：（2014）渝高法民申字第00029号。

（2）2015 年 3 月 20 日，在上诉人北京某公司因与被上诉人上栗县住房和城乡建设局合同纠纷一案中，萍乡市中级人民法院认为：上诉人与被上诉人签订的《上栗县管道燃气特许经营协议》属行政合同的范畴，在法律并未明确规定涉及特许经营协议的纠纷应以行政诉讼程序依行政法律法规进行处理的情形下，一审法院按民事诉讼程序进行处理并无不当。

（3）申诉人因与田阳 A 公司、B 公司侵权责任纠纷一案，不服百色市中级人民法院（2012）百中民一终字第 385 号民事判决，向检察机关申诉。

对于涉案特许经营协议的法律性质，各审理法院和检察机关观点各异。二审百色市中级人民法院认为：涉案《特许经营协议》《管道燃气特许经营协议》均系协议双方的意思自治，不具有单方性和强制性，因此，两协议的取得均非具体的行政行为，而是民事行为，两者发生矛盾冲突诉至法院，法院有权按照民事法律的规定对两协议的性质和效力进行审查。广西壮族自治区检察院提起抗诉认为：本案的法律关系依法应由行政诉讼法调整而非民事诉讼法调整。广西壮族自治区高级人民法院在再审裁定中并未对涉案特许经营协议的达成是属于具体行政行为还是属于民事行为作出认定，认为：清洁能源公司持有的管道燃气经营许可证的经营范围是否包含新山铝产业示范园在内，涉及田阳县人民政府与新山管委会之间对百色新山铝产业示范园内管道燃气项目的管理职权划分问题，由此可见，本案双方当事人的纠纷不属于人民法院受理民事诉讼的范围。因此，原一、二审判决受理本案并认定田阳某燃气公司、百色新山投资公司的行为构成侵权不当，本院依法予以纠正，进而撤销了一审、二审判决，驳回原告起诉①。

2. 认为特许经营协议属于行政合同

（1）上诉人和田市人民政府为与被上诉人兴源公司、天瑞燃气公司合同纠纷一案中，一审新疆维吾尔自治区高级人民法院认为将涉案《和田市天然气利用项目合同》纠纷作为民商事案件审理并无不妥，而二审最高人民法院则推翻了这一认定：本案所涉《和田市天然气利用项目合同》及其《补充合同》系由和田市政府作为一方当事人根据其行政机关公权力所签订，体现了

① 参见中国裁判文书网，案号：（2013）桂民提字第 130 号。

其依据有关市政公用事业管理法规，对天然气的利用实施特许经营，行使行政职权的行为。虽然兴源公司作为一方当事人的目的在于获取一定经济利益，但案涉合同本身是要对天然气这一公共资源进行开发利用，建设并提供公共产品和服务，从而满足公众利益的需要，体现出政府实施行政管理的公益性目的。另外，案涉合同内容虽然存在对双方权利义务的约定，在一定程度上体现了双方协商一致的特点，但其中关于特许经营权的授予、经营内容、范围和期限的限定、价格收费标准的确定、设施权属与处置、政府对工程的监管等内容，均体现了政府在合同签订中的特殊地位。本案所涉特许经营权的授予虽属于行政许可行为，但在《市政公用事业特许经营管理办法》已明确市政公用事业市场化方向，允许并鼓励通过签订合同的形式推进基础设施的建设以及提供服务的情况下，亦不宜因行政许可系因合同方式取得而否定其行政性质。此外，本案中，和田市政府解除合同的依据以及向和田市建设局出具批复同意其接管兴源公司和天瑞燃气公司天然气运营业务的行为，在性质上应属于行政行为，兴源公司和天瑞燃气公司针对和田市政府解除合同、强行接管其相关财产及经营权而提起本案诉讼，应当属于《中华人民共和国行政诉讼法》第十一条第一款第（三）项“人民法院受理公民、法人和其他组织对下列具体行政行为不服提起的诉讼：（三）认为行政机关侵犯法律规定的经营自主权的”规定的行政诉讼受案范围。综上所述，本院认为：本案所涉合同以及当事人之间讼争的法律关系虽然存在一定民事因素，但双方并非平等主体之间所形成的民事法律关系，因此本案不属于人民法院民事案件受理范围，当事人可依据相关行政法规定另行提起行政诉讼。原审法院将此作为民事纠纷予以受理并作出实体判决不当，应予纠正。①

（2）上诉人某天然气有限公司不服河北省宁晋县人民法院不予受理起诉的民事裁定向邢台市中级人民法院提起上诉。邢台市中级人民法院认为：上诉人主张其享有长输管道燃气独家经营权，被上诉人伟业公司享有压缩天然气独家经营权，但从上诉人提供的《宁晋县城市管道燃气特许经营协议》及《城市燃气开发合同》来看，天然气公司享有“管道燃气业务”的特许经营

① 参见中国裁判文书网，案号：（2014）民二终字第12号。

权，伟业公司享有“管道燃气项目”的30年独占使用权。上诉人与被起诉人所享有的管道燃气特许经营业务范围不明，且均通过行政许可授权取得，因此，双方的争议不属于人民法院受理民事诉讼的范围。①

（十一）特许经营权能否质押

包括《市政公用事业特许经营管理办法》在内的众多规章、地方法规规定都未对特许经营权能否进行质押作出明确规定，而《基础设施和公用事业特许经营管理办法》第二十三条则规定了“探索利用特许经营项目预期收益质押贷款，支持利用相关收益作为还款来源”。其实，在新办法出台之前，很多地方就已有特许经营收益质押贷款的实践。

在上诉人中国工商银行股份有限公司桑植支行与被上诉人桑植燃气公司、原审被告重庆市中宝投资（集团）股份有限公司、重庆中宝能源股份有限公司、夏某某、费某某金融借款合同纠纷一案中，湖南省高级人民法院认为：关于涉案特许经营权能否出质的问题。因燃气特许经营权是指特许经营权人以管道输送形式向用户供应天然气，提供相关管道燃气设施的维护、运行、抢修、抢险业务服务，并获得相应收益的权利。前者并不属于可转让的财产权利，后者是基于提供相关服务产生的将来金钱债权，其性质可纳入“应收账款”范畴。根据《中华人民共和国物权法》第二百二十三条之规定，债务人或者第三人有权处分的应收账款可以出质。故诉争的管道天然气特许经营权的收益权即应收账款可以出质。本案中，桑植支行与桑植燃气公司签订质押合同，约定质押桑植县县城城市管道天然气特许经营权，实质上是质押该燃气项目的收益权即应收账款。②

此外，石家庄市中级人民法院在原告河北省金融租赁有限公司与被告信阳市某管道燃气工程有限责任公司、河南信阳毛尖集团有限公司、袁某某、山东舜王城中药科技园有限公司融资租赁合同纠纷一案，北京市第四中级人民法院在原告华融国际信托有限责任公司与被告河南信阳毛尖集团有限公司、被告信阳市某管道燃气工程有限责任公司、被告信阳弘昌房地产开发有限责

① 参见中国裁判文书网，案号：（2015）邢立民终字第346号。
② 参见中国裁判文书网，案号：（2016）湘民终324号。

任公司、被告信阳弘昌农业开发有限责任公司、被告陈某某金融借款合同纠纷一案中，均支持了原告对管道燃气销售价款之收费权的优先受偿权。①

可见，特许经营权质押贷款本质上是收益权、收费权的质押。特许经营权中，涉及其中的燃气供应、管道燃气设施维护、抢险抢修等权利，或者属于行政许可，或者属于非财产性权利，不能进行质押。

与质押类似的，还有旧办法规定的“擅自将所经营的财产进行处置或者抵押的”情形。虽然办法没有明确“财产”的范围，笔者理解该财产应是指燃气设施类财产，而不包括一般车辆、房产等不影响燃气供应的财产。

（十二）特许经营地域范围争议是否属于民事诉讼

如前所述，如果特许经营协议签订的时候对地域范围的四至未予明确，后续履行过程政府另起他心时容易引发争议。而最高人民法院在审理两起案例中，都以涉及区域划分属于政府行政职权为由，驳回当事人提起的民事诉讼。

在再审申请人商丘A燃气公司与被申请人商丘B燃气公司侵权纠纷一案中，最高人民法院认为：本案争议焦点为城市规划区域范围的确定是否属人民法院民事案件裁判范畴。A燃气公司依据案涉《特许经营协议》关于其特许经营权区域范围为“商丘市城市规划区域内”的约定，主张B燃气公司在商丘市睢阳区进行的相关燃气管道建设等行为对A燃气公司构成侵权。B燃气公司则认为商丘市睢阳区不属上述协议约定的商丘市城市规划区域范围。故双方就B燃气公司相关行为是否构成侵权的争议，源于对商丘市城市规划区域的不同认识。该争议的解决，不能回避商丘市城市区域范围的认定问题。而城市规划区域应由行政机关依法确定。但本案中，商丘市相关部门对该市城市规划区域范围的意见并不一致。商丘市人民政府或其他有权机关亦未就商丘市城市规划区域的范围作出明确的认定。根据《最高人民法院关于适用〈中华人民共和国行政诉讼法〉若干问题的解释》第十一条的规定，政府特许经营协议属行政机关为实现公共利益或者行政管理目标，在法定职责范围内，与公民、法人或者其他组织协商订立的具有行政法上权利义务内容的协议。

---

① 参见中国裁判文书网，案号分别为：（2016）冀01民初137号、（2016）京04民初6号。

如前所述，在行政机关未明确本案《特许经营协议》所涉商丘市城市规划区域范围的情况下，直接认定A燃气公司依该协议所享有特许经营权的区域范围，超出人民法院民事裁判的范畴。但是一审、二审裁定以A燃气公司未能提供该图示故不能证明其特许经营区域范围为由驳回其起诉不当。上述裁定关于界定城市规划区域范围属政府行政职权的意见正确，在该范围未经行政机关依法确定前，A燃气公司基于此提起的侵权诉讼，并无不当。①

此外，在再审申请人滦县某燃气公司因与被申请人滦县某清洁能源公司用益物权纠纷一案中，最高人民法院认为：对于双方的经营范围是否存在冲突，二审法院向滦县发展改革局等单位进行了调查，滦县发展改革局在《关于滦县某清洁能源有限公司有关情况的函》中称：燃气公司与清洁能源公司的经营范围、内容界定明确，没有冲突。燃气公司与清洁能源公司均是在滦县人民政府的授权及许可范围内经营燃气管道建设及供应，经营范围及区域的具体确认，应由授权单位即滦县人民政府自己作出解释。即使上述两份协议在经营范围上存有冲突，也是滦县人民政府根据本地区的发展与规划依行政职权作出的决策，法院在本案用益物权纠纷中均无权替滦县人民政府作出解释，并对双方的经营范围进行具体划分。而且，燃气公司在一审中明确表示，不要求追加滦县人民政府为当事人。因此，二审法院认为燃气公司与清洁能源公司经营区域如何划分、经营权是否存在冲突等问题，不属于本案审理范围，并无不当。②

但也有法院对涉及经营区域争议的案件在民事诉讼中进行了审理，并直接对经营区域范围作出了判断。例如，原告A燃气有限公司与被告B燃气有限责任公司、第三人圣宝公司侵害特许经营权一案中，法院认为：根据原、被告与政府相关部门签订的协议，第三人圣宝公司临近被告的供气主管道，但并不在被告的经营范围内，而位于原告经营范围内。被告向第三人圣宝公司供气，违反了其与政府相关部门签订的协议，并对原告的经营活动产生影响，侵害了原告的特许经营权。③

---

① 参见中国裁判文书网，案号：（2015）民申字第256号。

② 参见中国裁判文书网，案号：（2013）民申字第314号。

③ 参见中国裁判文书网，案号：（2015）博民一初字第00290号。

第三章　燃气企业有关物权纠纷

一、燃气入户施工相邻权法律问题

在燃气企业进行城市住宅小区施工过程中，多数业主能本着与邻为善、与邻为伴的姿态，支持和配合企业的正常施工。然而，往往也有不少业主半路杀出来，阻挠施工，尤其是老户开发过程中尤其突出。比如，四楼的业主需要安装入户管道，而三楼的业主无意安装，便以存在安全隐患或者侵害其物权为由，不同意管道从其房屋外墙通过。其实，振振有词的三楼业主在阻挠安装施工的同时，侵害了四楼业主的相邻权。

我国台湾地区著名民法学家史尚宽先生认为：相邻权是指相邻接的不动产所有人之间，一方所有人之自由支配力与他方所有人之自由排他力相互冲突时，为调和其冲突，谋求共同利益，而依法直接认定一方权利。2007 年 10 月 1 日起施行的《中华人民共和国物权法》采用的是“相邻关系”这一表述，物权法草案（五次审议稿）第二百五十二条曾规定：相邻关系，是指相互毗邻的两个以上不动产权利人，在通行、通风、采光等方面根据法律规定产生的权利义务关系。说得通俗点，以房屋为例，就是左邻右舍之间，虽然对各自房屋拥有排他的所有权，但是“应当按照有利生产、方便生活、团结互助、公平合理的原则，正确处理相邻关系”（《中华人民共和国物权法》第八十四条），行使自己权利的同时对他人在通行、房屋修缮等方面给予便利，适度限制自己的权利。

于燃气管道工程入户安装维修施工、通气而言，除法律的一般原则性规定，《中华人民共和国物权法》第八十八条明确规定：不动产权利人因建造、修缮建筑物以及铺设电线、电缆、水管、暖气和燃气管线等必须利用相邻土地、建筑物的，该土地、建筑物的权利人应当提供必要的便利。同时，《中华人民共和国物权法》对利用方的行为进行了规制，第九十一条规定：不动产权利人挖掘土地、建造建筑物、铺设管线以及安装设备等，不得危及相邻不动产的安全。第九十二条规定：不动产权利人因用水、排水、通行、铺设管线等利用相邻不动产的，应当尽量避免对相邻的不动产权利人造成损害；造成损害的，应当给予赔偿。上述规定提醒工程施工方，应选择对他人损失最小的方案，施工完毕后应及时清理现场、恢复原状，因此给他人造成损失的，施工方应当给予适当的补偿。

当出现业主阻挠施工、开栓时，比较便捷高效的处理方法：一是燃气企业向燃气用户做好解释，晓之以理，取得该业主的理解支持；二是通过物业公司、居委会等单位或有一定威望的个人出面协调。在通过多种渠道无法协商解决的情况下，诉讼则是最后一种法律救济途径。基于相邻关系是“相互毗邻的两个以上不动产权利人”之间的关系，涉及相邻权诉讼时，燃气企业一般还不能以自己名义提起，需要沟通后以业主名义提起诉讼。

在罗某某与熊某某相邻关系纠纷一案中，法院认为：原告申请安装天然气并经天然气公司勘查同意其安装，被告以原告安装天然气管道会对被告门面造成事故隐患的理由不成立，原、被告相邻而居，被告应当提供必要的便利。法院依据《中华人民共和国物权法》第八十四条、第八十八条之规定，判决被告于本判决发生法律效力后为原告利用与被告的建筑物安装天然气提供必要的便利，不得阻碍天然气有限公司施工。[①] 在上诉人陈某某与被上诉人付某、房地产有限公司、某燃气公司相邻权纠纷一案中，一审法院查明：付某及楼上 62 户业主燃气管道经过陈某某的商业用房，燃气管道控制阀门设置在该商业用房内，陈某某在装修时将该控制阀门封闭在装修物内。在燃气开栓过程中，因陈某某在装修时将该控制阀门封闭在装修物内，不符合开栓条件，燃气公司未给该单元开栓。付某及所在小区业主委员会、物业公司和楼上居民找到陈某某要求其配合燃气公司开栓，双方未达成一致。二审法院认

① 参见中国裁判文书网，案号：(2014) 沙法民初字第 00241 号。

为陈某某在装修过程中将燃气开栓阀门封闭在装修物中，导致煤气无法开栓，影响了楼上邻居正常使用燃气的权利，根据《中华人民共和国物权法》第八十八条，陈某某有义务为付某等住户提供开栓的便利条件。最后，二审法院维持了一审判决，被告陈某某于本判决生效之日起 7 日内将其商业用房内妨碍燃气开栓部分的装修装饰物拆除。①

值得我们注意的是，燃气企业自身的施工也应符合国家标准规范，否则就可能承担相应的民事责任。在牛某某与某燃气公司相邻关系纠纷案中，法院在肯定被告为了塑化小区居民用气安全、方便管理对原有燃气管道重新架设安装，合理合法，应予支持的同时，指出：原告阳台西侧墙头上的二根管道离原告阳台窗户太近，对原告阳台通风采光确有一定影响，被告公司对其架设的燃气管道靠近原告阳台窗户的部分应进行改正。按照《城镇燃气设计规范》关于沿建筑物外墙的燃气管道距住宅或公共建筑物中不应敷设燃气管道的房间门、窗洞口的净距：低压管道不应小于 0. 3 米的规定，被告应将其架设在原告阳台西侧围墙墙头上的二根燃气管道，靠近原告阳台窗户的部分抬高 0. 3 米以上，避免原告阳台的通风采光受到影响。最后法院判决：被告将架设在靠近原告塑化小区商品房西阳台西侧小区西围墙墙头上的二根燃气管道上抬 0. 3 米，不得影响原告阳台窗户的通风采光。②

在上述相邻关系纠纷案件中，法院把该案定性为相邻关系纠纷值得商榷。原告与被告是何种不动产的相互毗邻权利人？是不动产的何种权利人？从案件事实来看，无从推出。被告在审理中即辩称：原告所称燃气管网属于塑化小区所有业主共同所有，被告公司不是争议管网的产权人，原告不应该起诉燃气公司。其实，即便争议管网属于被告所有，还需要解决一个该管网是否属于“不动产”的问题。笔者认为把类似案件定为恢复原状纠纷或排除妨碍纠纷可能更为合适。比如，原告韩某某与被告西安某天然气公司排除妨碍纠纷一案、宾某某与株洲某燃气公司恢复原状纠纷一案、益阳某燃气有限公司与益阳市某百货有限公司占有排除妨碍纠纷。

---

① 参见中国裁判文书网，案号：(2014) 沈中民一终字第 01786 号。

② 参见中国裁判文书网，案号：(2016) 豫 0522 民初 2336 号。

从另一个角度来看，在物权保护纠纷中适用相邻关系的法律规定来支持燃气企业的施工，乐山市某小区业主委员会与某燃气公司物权保护纠纷案值得我们关注。在该案中，再审申请人认为：本案是因燃气公司侵犯居竹园业委会的物权而引起的物权保护纠纷案。是侵权之诉而非相邻权之诉，故应当适用《物权法》第三章物权的保护和《侵权责任法》。而二审法院适用相邻权的有关规定审理本案，适用法律不当。本案居竹园业委会诉求承担侵权责任的主体只有燃气公司，而原判决以案外人（商铺业主）莫须有的相邻权对抗居竹园业委会的物权，因其主体不合格，原判决明显超越了居竹园业委会的诉讼请求。四川省高级人民法院则再审认为：由于峨嘉饭庄、哆哆餐馆（原嘉定菜馆）、嘉辰饭店、首T造型四家商铺均系乐山居竹园小区业主，其对居竹园小区内燃气配套设施也享有使用权，居住业主与商铺业主确实存在相邻关系。故二审法院根据《中华人民共和国物权法》第八十四条“不动产的相邻权利人应当按照有利生产、方便生活、团结互助、公平合理的原则，正确处理相邻关系”的规定，认定居竹园业委会的请求不成立，适用法律并无不当；并且也未超越居竹园业委会的诉讼请求。[①] 可见，燃气企业以原告身份提起相邻权纠纷诉讼可能存在困难，而在作为被告时引用相邻关系法律法规来对抗业主拆除燃气管道等类似的诉请，则是一个值得借鉴的思路。

二、业主针对燃气企业施工提起的诉讼

一方面，燃气企业需要考虑如何解决业主阻挠施工；另一方面，燃气企业还要应对业主基于其物权所提起的排除妨碍、恢复原状等类型诉讼。以下根据立案的案由来阐述：

（一）排除妨碍纠纷

排除妨碍是指权利人行使其权利受到不法阻碍或妨害时，有权请求加害人排除或请求人民法院强制排除，以保障权利正常行使的措施。

① 参见中国裁判文书网，案号：(2014) 川民申字第525号。

1. 原告李某某与被告某燃气公司排除妨害纠纷一案[①]，原告请求判令燃气公司对安装在原告家外墙上的燃气管道予以拆除并恢复原状。从诉讼请求来看，其实该案同时还是恢复原状纠纷。

在该案中，法院认定被告构成侵权的理由包括：

（1）原告家所在的3号楼上没有任何业主申请安装天然气，被告在3号楼上安装燃气管道是为诚品家园小区1号楼业主提供燃气。

（2）被告认为应允许相邻不动产权利人铺设管线。首先，被告并不是原告的相邻不动产权利人；其次，3号楼全体业主无任何一户申请安装天然气；最后，被告是为小区其他楼房的业主安装天然气，被告没有证据证明必须安装在原告所在的3号楼外墙上才能达到为其他楼房业主安装天然气的目的。

（3）为了让被告充分说明在3号楼外墙安装天然气的安全性，法院安排了第二次庭审。庭审中，被告的说明并不具体，只是强调管道安装符合规范、施工程序合法，当法院问及管道与房间门、窗洞口的净距多远时，被告表示此净距不应小于0.3米，而在庭审前被告代理人去现场进行了测量，表示由于高度原因测量不是很准确，差不多0.4米。从被告的表述来看，被告在实际施工中对窗洞口与管线的距离等安全性因素并没有做到心中有数。被告的说明，没有让法院对如此安装的安全性产生绝对的信心。

从本案来看，燃气企业在施工安装前，除施工应符合规范外，征得业主的同意尤为重要，尤其是在该栋楼并无其他业主安装天然气的情况下。

2. 原告王某与被告某燃气公司排除妨碍纠纷一案中[②]，507室内共铺设燃气管道两根，另一根贯穿该单元西侧一楼至六楼各住户厨房。一根贯穿该单元东侧一楼至四楼各住户厨房，而后紧贴507室客厅墙角进入六楼东侧住户厨房。原告2003年以买卖方式取得此房所有权，原告购房时上述两根燃气管道已存在于现在位置。原告认为客厅处的燃气管道存在漏气可能危及原告家人生命安全，遂用装潢材料将客厅处燃气管道全部密封包裹。原告与被告交

① 参见中国裁判文书网，案号：（2018）吉0723民初1982号。
② 参见中国裁判文书网，案号：（2011）玄民初字第579号。

涉无果，遂诉至法院要求被告拆除客厅燃气管道及赔偿损失。

法院认为：首先，原告因其所有房屋结构异于同幢楼内其他房屋导致原本应进入厨房的燃气管道穿越客厅。原告于2003年购买507室时，上述燃气管道已铺设于现存位置，原告对此是明知的，原告购买该房及入住的行为应视为对上述燃气管道铺设现状的认可。其次，根据城镇燃气设计规范的国家标准，被告铺设原告房屋室内管道的行为并不违反国家相关的禁止性规定，故被告行为不存在过错。最后，燃气管道的制造材料及使用强度标准应高于普通管道，通常情况下应能保证安全应用。原告认为燃气管道可能存在漏气属于原告的主观猜测，且原告已将客厅燃气管道进行密封包裹，为燃气公司工作人员的正常检测和维修带来不便，亦为自己增加了一定的安全隐患。综上，对于原告要求被告拆除客厅燃气管道及赔偿损失的请求，法院难以支持。

从一般业主心理来看，燃气管道从客厅穿过确实难以接受。对于业主而言，房屋买卖时就应现场认真查看各项设施，以免买回房屋后“如鲠在喉”，在管道安装符合规范的情况下，自身诉求无法得到法院支持。

3. 原告王某与被告某管道安装工程有限公司、某置业有限公司、某规划设计研究院有限公司排除妨害纠纷一案。本案与其他案例不同的是，原告并未选择燃气公司作为被告，而是把开发商、设计单位、施工单位作为被告。

关于原告主张停止侵权行为、拆除安装在其房屋内的煤气管道是否应予支持的问题，法院认为：首先，应确定涉案房屋内存在煤气管道是否具有合理性。虽原告与被告置业公司签订的商品房买卖合同中没有对煤气管道进行明示约定，但《中华人民共和国物权法》第八十八条规定：“不动产权利人因建造、修缮建筑物以及铺设电线、电缆、水管、暖气和燃气管线等必须利用相邻土地、建筑物的，该土地、建筑物的权利人应当提供必要的便利。”煤气管道作为基础性公共设施，其通过原告所购的房屋连接楼上住宅，具有合理性和必要性。其次，经本院调查，原告房屋内的管线位置与走向均与燃气规划设计图纸相一致，在燃气工程施工后该工程又经验收合格，因此，原告房屋内的煤气管道符合设计规划，工程质量合格。综上，因原告所购房屋为商业性质，并非住宅，故在原告房屋内安装煤气并未侵害原告合法权益，原告主张其所购房屋内存在煤气管道侵害其合法权益，其主张停止侵害、排除妨害缺乏事实及法律依据，本院不予支持。①

（二）消除危险纠纷

消除危险纠纷是指他人之行为或者某一事实状态危害到物的安全时，而以消除这种危险为目的的纠纷。

消除危险是物权保护的重要方法之一，也是基本的民事责任形式之一。当各类具体物权特别是不动产遭受正在或者潜在的受损害的危险时，则可以采取消除危险的方法加以保护，在适用本案由时要注意与相邻关系纠纷案由的区分，后者主要在相邻不动产之间相互损害时适用，而物遭受危险不仅包括相邻不动产相互损害的情形，也包括他人或者相邻动产之间，或者相邻动产与不动产之间的损害危险情形。因此，如果纠纷符合相邻关系纠纷案由的情形，应当优先适用该案由，其他物权遭受危险的则可以适用本案由。

在原告郭某某与被告某燃气公司消除危险纠纷一案中，针对被告管道与涉案房屋净距不符合国家强制性标准，是否构成侵权的争议焦点，裁判文书进行了详细分析。法院认为：地下燃气管道与建筑物、构筑物或相邻管道之间的水平净距要求，属于国家强制性标准，必须适用。现根据现场勘验情况，可以确定不论是根据管道敷设当时的标准还是现行有效的标准，被告管道与涉案房屋净距不符合国家强制性标准，由此必然会威胁到人民群众的人身和生命财产安全，应认定构成侵权。被告在该案中提出的“原告系在管道敷设后加盖房屋形成现状”抗辩，因原告不予认可，被告亦未举证证实，法院不予采信；被告以涉案管道的选址、规划、建设等手续完备为由抗辩不构成侵权，法院认为明显与事实不符，不予采信。从本案可见，燃气企业遵循强制性规范施工尤为重要，否则，即便规划、建设手续完备，仍可能被利害关系人追究侵权责任。

当然，考虑到燃气管道的特殊性，虽然燃气企业所敷设管道因净距不足而构成侵权，但不一定需要迁移管线。在上述案例中，就原告要求被告转移管道至安全距离13.5米以外的诉求，法院认为：根据原、被告庭审中的陈述

---

① 参见中国裁判文书网，案号：（2016）辽0105民初4611号。

及本院现场勘验，可以确定涉案管道与管道周围建筑物已形成多年。现场的实际情况已经决定了按照原告主张的距离小范围地转移管道，并且不损害案外人合法权益，已事实上无法履行。而整体迁移管线涉及城乡规划等诸多因素，根据当前情况亦不具有可执行性。承担侵权责任的方式有多种，原告搬离涉案房屋亦可消除因管道与涉案房屋净距不符合国家强制性标准形成的危险，由此造成的损失，应由侵权人承担。故原告当前诉讼请求，缺乏可执行性及可操作性，本院不予支持。权利人可另行主张权利。①

（三）恢复原状纠纷

恢复原状也是物权保护的一种方法，是物权请求权的一种。恢复原状纠纷是指当物受到毁损时，物权人要求侵害人采取措施将物恢复到原来状态的纠纷。

在原告宾某某与被告某燃气公司恢复原状纠纷一案中，法院认为：本案中，被告将30余户天然气用户的减压阀门安装在原告所有房屋墙壁上的行为，应经所有权人即原告的同意，被告虽辩称当初安装时经过了原告的同意，但是原告对此并不认可，且被告提供的相关证据中并没有原告的签字，也没有单独的书面授权，不能证明被告的行为系经原告同意，故原告请求被告将该天然气阀门移除并恢复原状的诉讼请求本院依法予以支持。这个案例提醒燃气企业：即便业主同意燃气企业施工，也应注意保存能够证实业主已经同意的书面证据。

通过梳理业主提起诉讼涉及的各类物权保护纠纷案例裁判文书，我们可以发现，施工规范、验收合格对于燃气企业应诉胜诉至关重要。

① 参见中国裁判文书网，案号：（2017）鲁0304民初3100号。

第四章　燃气行业侵权纠纷

一、损害燃气设施法律问题及案例分析

传统的燃气企业都是典型的重资产企业，规模庞大的燃气设施是其中一项重要的资产。燃气企业在日常运营过程中，不时有燃气设施被第三方损害的情形发生。例如，2017 年 6 月 30 日，北京市住建委通报了 3 起有较大影响的施工挖断燃气管线事故，并决定暂停涉事施工单位在北京建筑市场投标资格 30 日；据有关机构统计，2017 年 1—5 月我国对外公布的第三方施工致燃气管道泄漏的事故为 75 起。

维护好自身的燃气设施，既是所有权人行使所有权能的表现，也是安全供气的需要。

（一）燃气设施的概念

根据《城镇燃气管理条例》，燃气设施是指人工煤气生产厂、燃气储配站、门站、气化站、混气站、加气站、灌装站、供应站、调压站、市政燃气管网等的总称，包括市政燃气设施、建筑区划内业主专有部分以外的燃气设施以及户内燃气设施等。因此，燃气设施从产权归属来看，由燃气企业所有、业主共有、业主专有三部分构成。不同权属的燃气设施被损害后，主张权利的主体以及途径也不尽相同，本书主要从属于燃气企业的燃气设施被损害角度来展开。

（二）侵权形式及成因

对燃气设施的损害，在法律上构成一种侵权行为，需要承担相应的法律

责任，包括民事责任、行政责任、刑事责任。

从侵权人的主观方面来看，有故意，也有过失。从侵权的客观方面来看，多以第三方（主要是施工单位）挖断燃气企业铺设的管网为主，其他还有为达到盗气目的而损害燃气设施、泄私愤损害燃气设施、报复社会损害燃气设施等。

造成施工单位挖断的原因，主要有以下几种：

1. 施工单位的原因。包括未事先查询燃气管道管位并采取必要的安全防护措施；野蛮施工，防护措施不到位；无证施工，层层转包，盲目赶进度。

2. 燃气企业的原因。包括未实施现场交底，安全信息确认流于形式；地下管网竣工资料与现状不符；缺乏有效的管线巡视和工地监护手段；防护措施不到位，宣传力度不足。

3. 政府监管原因。包括施工许可审批流程把关不严，遗漏燃气管道安全咨询环节；处罚力度不够，违法成本低；规划不合理，缺乏必要的安全控制范围。

（三）损害燃气设施的民事责任

《中华人民共和国物权法》第三章专门规定了物权保护方面的内容：第三十六条规定“造成不动产或者动产毁损的，权利人可以请求修理、重作、更换或者恢复原状”，第三十七条规定“侵害物权，造成权利人损害的，权利人可以请求损害赔偿，也可以请求承担其他民事责任”，第三十八条第二款规定“侵害物权，除承担民事责任外，违反行政管理规定的，依法承担行政责任；构成犯罪的，依法追究刑事责任”。

此外，《中华人民共和国侵权责任法》明确规定“被侵权人有权请求侵权人承担侵权责任”，承担侵权责任的方式主要有：“（一）停止侵害；（二）排除妨碍；（三）消除危险；（四）返还财产；（五）恢复原状；（六）赔偿损失；（七）赔礼道歉；（八）消除影响、恢复名誉。”对于损害燃气设施的行为而言，一般主要涉及前六种方式，赔礼道歉和消除影响、恢复名誉则不适用。

1. 在某建筑公司与某燃气公司财产损害赔偿纠纷一案中，法院认为：根据法律规定，损害他人财产的，应当恢复原状或折价赔偿。受害人因此遭受其他重大损失的，侵害人应当赔偿损失。建筑公司作为施工单位，未在项目施工处建立规章制度和施工资料，未设立安全警示标志，未对施工人员进行安全教育培训，未进行安全检查，未将合同约定的燃气管道的损坏责任告知施工人员，未对相邻的地下管线采取防护措施，现场负责人未进行安全检查和向业主索要有关资料，在地下管线情况不明的情况下指挥铲车驾驶员违章施工，且铲车司机未取得资格证，冒险进入地下铺设有天然气管道的场所进行作业，致使燃气公司铺设的天然气管道破裂漏气。经汝南县人民政府组成的事故调查组调查认定建筑公司负此次事故的主要责任，建筑公司应当赔偿燃气公司因抢修和维护漏气管道造成损失的75%的责任。①

2. 在某燃气公司与某基础工程有限公司财产损害赔偿纠纷中，被告对于原告的诉请辩称：由于原告安装的燃气管道在排水沟内，且没有设置明显的警示标志，加之又是雨季排水沟内存有积水，被告不知排水沟内安装有燃气管道。被告的工作人员在施工时，原告的工作人员并没有进行现场巡视和提醒，故原告要求被告承担全部损失是不合理的。对于此争议焦点，法院经现场勘查后认为：原告在事发地点设有警示标志，明确表明下有燃气管道，原告已经尽到了告知和提醒的义务。被告在事发地进行作业时没有尽到安全注意义务，导致原告的燃气管道损坏，被告应当承担赔偿责任，原告自身没有过错。②

3. 在某燃气公司与臧某某、李某某、姜某某、豪都公司、地都公司财产损害赔偿纠纷中，法院经审理认为：依据所查明的事实，可以认定臧某某雇用姜某某等人在从事树立围挡施工的过程中，用电镐砸角钢砸漏燃气公司燃气管道造成经济损失的事实。姜某某等人在从事雇佣活动中侵害了燃气公司的民事权益，依法应由雇主臧某某承担侵权责任，赔偿燃气公司因燃气管道泄漏所造成的经济损失82351元。豪都公司作为“紫悦府围挡工程”的发包人，知道臧某某没有相应的工程施工资质或者安全生产条件而发包工程，依法应与臧某某承担连带责任。李某某作为姜某某等雇员的介绍人，现有证据未能证实其有营利行为，不应承担赔偿责任；地都公司与本案缺乏关联性，

① 参见中国裁判文书网，案号：(2013）驻民四终字第69号。
② 参见中国裁判文书网，案号：(2017）鲁1082民初365号。

亦不应当承担赔偿责任。①

4. 某燃气股份有限公司与长春市朝阳区公卫设施管理处、呈全非开挖管道工程公司财产损害赔偿纠纷案中，一审法院认为：根据《城镇燃气管理条例》第三十七条、第四十二条、第四十三条的规定，燃气股份有限公司作为燃气经营企业，首先应当派员到施工现场实施监护和现场指导。燃气公司已确认其工作人员王某某为本案事故现场的巡线员，事发当日，王某某没有在现场实施监护，存在一定的监管过错。因此，酌定由燃气股份有限公司承担30%的赔偿责任。

燃气股份有限公司不服一审判决提起上诉，二审法院认为：燃气股份有限公司作为燃气经营企业，对导致事故发生的涉案施工行为怠于监护和指导，一审判决其对事故损失承担30%的责任并无不当。第一，燃气股份有限公司提供的资料不具有时效性和准确性。根据《城镇燃气管理条例》第三十七条的规定，建设单位在开工前，应当查明建设工程施工范围内地下燃气管线的相关情况；燃气管理部门以及其他有关部门和单位应当及时提供相关资料。本案中，燃气股份有限公司虽然为呈全非开挖管道工程公司提供了相关图纸，但是根据一审庭审中燃气股份有限公司的陈述，引发事故的燃气管道于2005年建设完成，距呈全非开挖管道工程公司施工时间已经超过10年，且因市政设施的变化及道路扩建扩迁等因素，图纸位置与实际位置存在变化。另外，图纸上并未标记燃气管道确切深度，施工要求中也没有对探坑需要探明的深度作出要求。故，根据该图纸呈全非开挖管道工程公司并不能确切掌握建设工程施工范围内地下燃气管线的相关情况，燃气股份有限公司对此明知。第二，燃气股份有限公司在明知其提供的资料缺乏准确性和时效性的情况下，没有进一步制定更为完善的燃气设施保护方案。根据《城镇燃气管理条例》第三十七条的规定，建设单位应当会同施工单位与管道燃气经营者共同制定燃气设施保护方案。管道燃气经营者应当派专业人员进行现场指导。本案中，燃气股份有限公司主张其要求呈全非开挖管道工程公司在进行顶管施工前电话通知燃气股份有限公司工作人员现场监护，而对呈全非开挖管道工程公司

① 参见中国裁判文书网，案号：(2015) 西民初字第3709号。

在挖探坑查明燃气管线情况的过程并未采取任何相应的安全保护措施，亦未派专业人员进行现场指导。在燃气股份有限公司提供的图纸不具有准确性和时效性的情况下，双方制定的此燃气设施保护方案显然不够完善，不足以保障燃气设施安全，燃气股份有限公司对此存在过错。最后，二审法院维持了一审判决。①

5. 在原告某燃气公司与被告某建设集团有限公司财产损害赔偿纠纷一案中，法院认为：本案事故的发生是因原、被告双方的过失导致，但综观本案案情，被告对损害发生的过错较大，应承担主要责任，原告对损害的发生也具有过错，应减轻被告的侵权责任。理由如下：其一，被告工作人员在进行打桩施工时因过失行为直接导致本案所涉事故的发生；其二，被告曾将从规划部门调取的事故发生路段地下综合管线图给原告比照，发现地下天然气管线标注的位置是一致的，但被告工作人员误认为灌注桩位置距原告的天然气管线约有 10 米，而经鉴定实际距离约为 2. 33 米，被告的误判是本案事故发生的主要原因；其三，根据原、被告提供的相关行业施工规范，原、被告应严格按各自规范操作，被告虽存在对天然气管线与施工桩基点位距离的误判，但原告未依规向被告提供能够精确标注地下天然气管道位置和标高的图纸，也是本案事故发生的诱因；其四，原告工作人员明知被告在事故发生地进行了施工围挡，但未向被告送达书面的安全告知书，也未安排工作人员在施工现场进行监护，未尽到合理的警示提醒义务；其五，本案所涉天然气管线埋深达地表下 6 米左右，对探明天然气管线的实际位置确有比较大的实际困难，故本案事故的发生，除双方存在的过失外，也有一定的偶然性因素。最后法院指出，被告应承担本次事故损失 70% 的赔偿责任。原、被告应对本次事故的发生进行总结，在以后的工程建设过程中要严格规范各自行为，杜绝此类事故的再次发生。②

6. 某地质勘查院、某燃气公司财产损害赔偿纠纷中，地质勘查院认为燃气公司自身存在过错：燃气公司防范安全隐患意识低下，警示标志牌被他人

---

① 参见中国裁判文书网，案号：(2016) 吉 0104 民初 4224 号。
② 参见中国裁判文书网，案号：(2013) 浦商初字第 248 号。

拔掉没有及时发现和处理；滨江公司是事故地段的管理者或者所有者，燃气公司在事故地段埋管道，没有告知滨江公司。法院认为：首先，燃气公司作为涉案事故管道企业，应当按照国家技术规范的强制性要求在管道沿线设置管道标志，建立、健全管道巡护制度，配备专门人员对管道线路进行日常巡护。本案中，燃气公司提交的《燃气管道设施运行管理制度》《巡查签到表》等证据，能够证明燃气公司已经履行了在涉案事故发生地段设置警示标识、定期巡查的义务。地质勘查院提交的相关照片为事故发生后拍摄，并不能反映地质勘查院进行造成涉案事故的勘探施工时事故发生地周围环境的具体情况，也不足以证明警示标识桩是由于其他施工单位施工过程中移动或者泥土覆盖，而燃气公司未及时发现，反而证明了涉案事故发生地点附近确实有相应的警示标识桩存在。其次，根据《城镇燃气管理条例》第三十三条第一款“县级以上地方人民政府燃气管理部门应当会同城乡规划等有关部门按照国家有关标准和规定划定燃气设施保护范围，并向社会公布”以及第三十四条“在燃气设施保护范围内，有关单位从事敷设管道、打桩、顶进、挖掘、钻探等可能影响燃气设施安全活动的，应当与燃气经营者共同制定燃气设施保护方案，并采取相应的安全保护措施”的规定，地质勘查院提出燃气公司具有将涉案事故地的管线情况告知滨江公司的义务，于法无据，本院不予支持。综上，燃气公司对涉案事故的发生并无过错。①

综合上述有关案例，燃气企业在日常运营过程中，应注意做好以下工作并留存书面证据，以免在自身设施被破坏后还需自担责任：

1. 按照国家标准在管道沿线设置燃气设施安全警示标志；
2. 原有管线发生迁移后，重新制作管线图纸资料；
3. 向施工单位及时提供准确的地下管线图纸资料；
4. 要求施工单位签署燃气设施保护协议，提供燃气设施保护方案；
5. 配备专人巡护施工现场。

（四）损害燃气设施的行政责任

损害燃气设施除承担民事责任外，还需依法承担行政责任。《城镇燃气管

① 参见中国裁判文书网，案号：（2017）粤07民终2500号。

理条例》第五十一条规定："违反本条例规定，侵占、毁损、擅自拆除、移动燃气设施或者擅自改动市政燃气设施的，由燃气管理部门责令限期改正，恢复原状或者采取其他补救措施，对单位处5万元以上10万元以下罚款，对个人处5000元以上5万元以下罚款；造成损失的，依法承担赔偿责任；构成犯罪的，依法追究刑事责任。违反本条例规定，毁损、覆盖、涂改、擅自拆除或者移动燃气设施安全警示标志的，由燃气管理部门责令限期改正，恢复原状，可以处5000元以下罚款。"第五十二条规定："违反本条例规定，建设工程施工范围内有地下燃气管线等重要燃气设施，建设单位未会同施工单位与管道燃气经营者共同制定燃气设施保护方案，或者建设单位、施工单位未采取相应的安全保护措施的，由燃气管理部门责令改正，处1万元以上10万元以下罚款；造成损失的，依法承担赔偿责任；构成犯罪的，依法追究刑事责任。"据深圳市住建局统计，2017年住建局跟进处置燃气管网第三方破坏事件共18起，对所有涉案单位均进行了行政处罚。

不少行政处罚案件因被处罚对象未依法履行，转而进入申请强制执行阶段。例如，德州市陵城区人民法院裁定：聊城全顺基础工程有限公司2015年7月9日17:30左右，在胜利凯旋花园项目施工现场因锚固作业造成燃气管道毁损燃气泄漏。经调查，被执行人德州市嘉汇房地产A公司未会同施工单位与管道燃气经营者制定燃气保护方案。该行为违反了《城镇燃气管理条例》第三十七条的规定，依据《城镇燃气管理条例》第五十二条之规定，于2015年12月15日作出了德公用罚字（2015）第2号行政处罚决定书，该决定书的内容是对德州市嘉汇房地产A公司处罚款人民币玖万捌仟元整，法院裁定准予执行该决定内容。① 此外，在申请执行人宁波市鄞州区城市管理行政执法局于2014年5月13日向宁波市鄞州区人民法院申请强制执行一案中，被执行人在鄞州区永达路与沧海路交界处西侧进行永达路新建工程施工时，将地下铺设的一根直径160mm的燃气管道挖破，造成燃气泄漏，造成较大社会影响。② 在张掖市住房和城乡建设局与甘肃宝隆建筑工程有限责任公司城建行

① 参见中国裁判文书网，案号：（2016）鲁1403行审18号。
② 参见中国裁判文书网，案号：（2014）甬鄞行审字第119号。

政处罚案中，被执行人甘肃宝隆建筑工程有限责任公司未会同建设单位与燃气经营单位制定燃气设施保护方案和专项施工方案，擅自施工，导致天然气管道挖破的行为。① 在上述案件中，法院均准予执行行政处罚。

（五）损害燃气设施的刑事责任

从司法实践来看，损害燃气设施的侵权人承担刑事责任所涉及的罪名包括破坏易燃易爆设备罪、重大责任事故罪、以危险方法危害公共安全罪、过失爆炸罪等，以下结合具体案例来进行分析。

1. 破坏易燃易爆设备罪

破坏易燃易爆设备罪，是指故意破坏电力、燃气或者其他易燃易爆设备，足以危害公共安全的行为。行为人破坏易燃易爆设备的行为是多种多样的。可以表现为作为，如行为人采用放火、爆炸、拆毁或者其他方法破坏易燃易爆设备的重要零部件等；也可以表现为不作为，如维修工在值班时间发现煤气管道破损，有发生火灾、爆炸事故的危险存在而不予维修，任其发生燃烧、爆炸，危害公共安全。无论行为人采取何种行为方式，只要其实施了破坏易燃易爆设备的行为，足以危害公共安全的，都构成本罪而不要求有实际的严重后果发生。

（1）钻眼私接管线盗窃燃气

被告人冯某破坏易燃易爆设备罪一案，鞍山市铁西区人民法院查明：2013 年 4 月初，为谋取非法利益降低经营成本，冯某在某浴池附近，私自挖开鞍山市燃气某公司地下主管线，并找到被告人王某，采用钻眼后私接管线的手段，破坏正在使用的燃气管线设备，将鞍山市燃气总公司地下主管线内燃气通过软管接入某浴池锅炉，开始盗窃燃气。②

类似的案例还有杜某某破坏易燃易爆设备罪一案，石景山区人民法院审理查明：2014 年 1 月左右，被告人杜某某与他人（另案处理）预谋采用私接天然气管道的方法盗窃天然气，后被告人杜某某指使他人在北京市燃气集团有限责任公司第四分公司八角北里小区正在使用中的天然气主管道上，采用

① 参见中国裁判文书网，案号：(2016) 甘 0702 行审 37 号。
② 参见中国裁判文书网，案号：(2014) 西刑初字第 211 号。

打孔、焊接的方法，私接天然气管道至北京市石景山区“龙腾轩”餐厅内，后联通餐厅内私自安装的天然气采暖壁挂炉及厨房天然气设备。①

（2）私自拆卸堵头，接驳镀锌管

被告人杨某甲破坏易燃易爆设备罪一案，南京市鼓楼区人民法院经审理查明：2008 年 8 月，被告人杨某甲经朋友介绍认识了王某乙（另案处理）。王某乙请被告人帮忙私接正在使用的天然气管道。杨某甲在不具备组织改动燃气设施施工资质的情况下，为谋私利，私自将本市鼓楼区××营××号×幢 4 单元居民使用的天然气管道检修用三通处堵头拆卸，接驳一根镀锌管穿墙通往本市鼓楼区××营××号×××花园 8 栋 11 号王某乙经营的“××婴儿游泳馆”，供其使用。②

类似案例还有很多。在王某破坏易燃易爆设备罪一案中，公诉机关指控：2012 年 10 月的一天，被告人王玉某伙同杨某（另案处理）等人在徐州易成商务休闲会馆锅炉房内，采取拆卸的手段，用镀锌管三通堵头接驳一根近 7 米非天然气专用塑料管连接在正常安装使用的燃气公司天然气管道上，盗窃天然气使用。③ 在肖某某、陈某某破坏易燃易爆设备罪一案中，徐州市泉山区人民法院经审理查明：2010 年 7 月，被告人肖某某、李某某共同出资合伙经营位于徐州市泉山区水漫桥路的永泉浴室。其后，被告人肖某某、李某某为降低经营成本，减少燃气费用支出，在未依程序向燃气公司提出改造申请的情况下，擅自雇用委托非专业技术人员在该浴室南侧居民楼安装使用的天然气主管道上，私自拆卸改造并用镀锌管三通堵头接驳非天然气专用橡胶管连接浴室锅炉盗用天然气。④

（3）擅自拆除进气总阀密封盖和开通天然气

在唐某等破坏易燃易爆设备罪一案中，南京市雨花台区人民法院认为：《江苏省燃气管理条例》等规定，燃气表设置在住宅内的居民用户，其燃气计量表和表前燃气设施由燃气经营企业负责维护、更新，任何个人不得侵占、

---

① 参见中国裁判文书网，案号：（2015）石刑初字第 289 号。
② 参见中国裁判文书网，案号：（2013）鼓刑初字第 235 号。
③ 参见中国裁判文书网，案号：（2014）鼓刑初字第 0236 号。
④ 参见中国裁判文书网，案号：（2014）泉刑初字第 187 号。

毁损、擅自拆除或者移动燃气设施，不得毁损、覆盖、涂改、擅自拆除或者移动燃气设施安全警示标志。本案中，唐某、张某甲作为个人擅自为燃气用户拆除正在使用的进气总阀密封盖和开通天然气的行为均违反上述规定，且已造成危害公共安全的现实危险，故唐某等擅自拆除进气总阀密封盖和开通天然气的行为均属破坏易燃易爆设施，应以破坏易燃易爆设备罪定罪处罚。①

（4）私自偷接天然气管道并使用，破坏天然气专用输送管道

在被告人张某破坏易燃易爆设备一案中，法院认为：被告人张某未经天然气管理单位同意，私自偷接正在使用中的天然气管道并使用，破坏天然气专用输送管道，其安装材料来源不明，材质参差不齐，缺少供气前工程验收环节，存在安全隐患，并且被告人张某破坏燃气设备的行为发生在人口稠密的居民区，不仅造成燃气公司经济损失，更严重危及公众的人身安全，尚未造成严重后果，同时构成盗窃罪和破坏易燃易爆设备罪，应依照想象竞合犯的处理规则择重罪处罚。故其行为已构成破坏易燃易爆设备罪，依法应予惩处，公诉机关指控其犯破坏易燃易爆设备罪的事实成立。②

（5）私自更换天然气普表

在梁某犯破坏易燃易爆设备罪一案中，法院经审理查明：2014 年 11 月 10 日，被告人梁某嫌自己家中的天然气火力小，私自将家中的天然气卡表换成普表。2014 年 11 月 19 日上午 8 时许，天然气公司工作人员徐某，发现被告人梁某私自更换天然气普表一事，当天下午，被告人梁某又将家中天然气的普表换成卡表，致使家中天然气泄漏，有可能危害 11 号楼其他居民的安全。法院认为：被告人梁某目无法纪，故意破坏燃气设备，危害公共安全，尚未造成严重后果，其行为已触犯刑律，构成破坏易燃易爆设备罪。③

在被告人牛某某破坏易燃易爆设备罪一案中，公诉机关指控被告人牛某某在 2011 年 3 月租住长岭镇客运站对面住宅楼西门 502 室期间，因为没有取暖设施，在未经燃气公司允许的情况下，牛某某通过自己的侄女婿王某某（因车祸已死亡）弄来一块天然气机械表，便雇人在楼道内的天然气预留口处

① 参见中国裁判文书网，案号：（2014）雨刑初字第 89 号。
② 参见中国裁判文书网，案号：（2016）陕 0822 刑初 230 号。
③ 参见中国裁判文书网，案号：（2015）孝刑初字第 176 号。

私自安装，盗取天然气用于生活用气和取暖。吉林省长岭县人民法院认为：被告人牛某某在实施盗窃天然气行为过程中，通过私自安装、拆卸燃气表等手段破坏正在使用的天然气设备，造成严重的安全隐患，足以危害公共安全，其行为已构成破坏易燃易爆设备罪。①

（6）冒用资质，开展天然气管道改造工程

在张某破坏易燃易爆设备罪一案中，法院经审理查明：2016年4月15日至18日，在合景领峰小区内，被告人张某冒用北京市通盛达市政公用工程有限公司的资质证明，承接合景领峰小区业主委托的天然气管道改造工程，指挥工人对小区内已通气的天然气管道进行改造，造成天然气管道破坏。②

2. 重大责任事故罪

重大责任事故罪，是指在生产、作业中违反有关安全管理的规定，因而发生重大伤亡事故或者造成其他严重后果的行为。

刘某甲、何某某、胡某某重大责任事故罪一案中，法院经审理查明：2012年9月27日15时许，中卫市飞达电力工程有限公司承包宁夏天净天源电力有限公司在中卫市沙坡头区长城街与邵桥路交叉口东侧地下电缆水平定向施工工程。在施工过程中，中卫市飞达电力工程有限公司项目经理刘某甲、施工队长兼钻工何某某、施工技术员胡某某明知地面下方有燃气公司埋设的天然气管道，没有按照操作规范进行操作，仅凭借个人经验违规施工，将天然气管道钻破，导致天然气泄漏，引发爆燃事故。③

法院认为：被告人刘某甲、何某某、胡某某在施工过程中违反有关安全管理的规定，由于疏忽大意虽预见但轻信可以避免，因而发生重大伤亡事故，致三人死亡、造成直接经济损失4676451.72元，情节特别恶劣，其行为均触犯刑律，构成重大责任事故罪。

3. 以危险方法危害公共安全罪

以危险方法危害公共安全罪是一个概括性罪名，是故意以放火、决水、爆炸以及投放危险物质以外的并与之相当的危险方法，足以危害公共安全的

---

① 参见中国裁判文书网，案号：（2014）长刑初字第105号。
② 参见中国裁判文书网，案号：（2017）京0111刑初195号。
③ 参见中国裁判文书网，案号：（2014）沙刑初字第269号。

行为。该罪侵犯的客体是公共安全，主观表现为故意。与过失以危险方法危害公共安全罪不同的是，该罪属于行为犯，无论是否造成严重后果，只要实施危害公共安全的行为都能构成该罪。因此，《中华人民共和国刑法》规定，以危险方法危害公共安全尚未造成严重后果的，处三年以上十年以下有期徒刑。造成严重后果的，处十年以上有期徒刑、无期徒刑或者死刑。《最高人民法院、最高人民检察院、公安部关于办理盗窃油气、破坏油气设备等刑事案件适用法律若干问题的意见》的通知（法发〔2018〕18号）进一步明确，在实施盗窃油气等行为过程中，破坏正在使用的油气设备，具有下列情形之一的，应当认定为《刑法》第一百一十八条规定的“危害公共安全”：（1）采用切割、打孔、撬砸、拆卸手段的，但是明显未危害公共安全的除外；（2）采用开、关等手段，足以引发火灾、爆炸等危险的。

在陈某甲以危险方法危害公共安全罪一案中，法院经审理查明：2014年12月22日18时许，被告人陈某甲喝酒后与骆某某发生争吵并将骆某某致伤。骆某某被送往医院医治时，被告人陈某甲将停放在位于三台县观桥镇文台万福村一组家中一楼的两辆摩托车推到自家卷帘门前，将油箱盖子撬开，手持打火机扬言要自杀，文台万福村书记徐某某、村会计罗某某在对陈某甲进行劝解时被其使用菜刀威胁推进厨房内。三台县公安局民警接警到达现场后，被告人陈某甲手持打火机和菜刀，威胁民警远离，在民警劝解过程中，被其关在屋内的村书记徐某某、村会计罗某某趁机跑出。

后陈某甲又将邻居外墙上天然气管道上的调压装置砸坏，导致燃气泄漏，引起街道周围居民恐慌纷纷离开住房，十余分钟后，民警联合当地居民找到距离案发地点700米远的燃气管道总闸并关闭。陈某甲又将自家一煤气罐放在两摩托车之间，并将其屋内易燃物品油漆、菜油等物品泼洒在摩托车和煤气罐上面，之后陈某甲坐在煤气罐后面的地上，手持菜刀和打火机对靠近劝解的民警和群众大声吼叫。

法院认为：被告人陈某甲因家庭琐事而以砸毁公用天然气管道的危险方法危害公共安全，其行为已构成以危险方法危害公共安全罪。①

① 参见中国裁判文书网，案号：（2015）三刑初字第152号。

4. 过失爆炸罪

本罪是指由于过失引起爆炸，使不特定的多人伤亡或者公私财产遭受重大损失的行为。

在杨某君过失爆炸案中，原判认定：被告人杨某君得知其岳父李某某租住的房屋接通了天然气，但家里没有灶具，遂于2016年1月13日上午，通过本单位职工李某甲，向本单位闫某某家借用一台燃气灶具，当晚拿到李某某家中。晚饭后，家里人李某乙、李某丙、李某丁、李某戊、杨某某在客厅看电视，杨某君到厨房安装燃气灶，李某某配合拿工具，杨某君将灶具连接好，点火试灶，发现灶具不起火，自认为是天然气管道内有空气，就想打开天然气管道排空气，为了使燃气表不走字，其将燃气表进气口的表封破坏，使用扳手拧开燃气表进气口和燃气管道连接处排气。约半小时后，杨某君重新连接好管道，继续使用灶具开关打火过程中，家中发生爆炸并起火，造成包括该房屋在内的小区180多户业主的房屋、屋内财产以及小区的公共设施严重损坏；李某乙、李某丙等七人不同程度受伤。一审法院和二审法院均认为：被告人杨某君违反相关安全法规，擅自打开天然气管道，导致大量天然气排出聚集在家中引起爆炸，造成多人受伤，公私财产重大损失的后果，侵犯了公共安全，其行为构成过失爆炸罪。①

通过以上案例来看，以下几点值得燃气企业考虑：

1. 高度重视刑事追责在处理破坏燃气设施案件时的运用，避免大事化小、小事化了的心态。既要追究侵权人民事赔偿责任，还要积极向公安机关报案追究其刑事责任，加大其违法成本，为燃气设施的安全运行创造良好的环境。

2. 建立与燃气主管部门、公安机关的良好沟通机制，通过专项研讨、联合行动等形式，就打击破坏燃气设施行为、追究破坏燃气设施者行政或刑事责任取得共识，形成一种常态化机制，推动纳入政府维稳工作重点。

3. 加大法制宣传，利用典型案例教育广大用户及相关单位，提高对燃气设施安全重要性的认识，形成不敢破坏燃气设施的氛围。

---

① 参见中国裁判文书网，案号：(2017) 晋05刑终87号。

4. 统筹考虑，在为了盗窃燃气而破坏燃气设施的案件中，当盗窃尚未得逞，或者窃取气量尚不够量刑金额时，积极提出以破坏易燃易爆设备罪进行侦查的建议，并配合公安机关提供有关破坏燃气设备危害的分析报告、情况说明、法律法规等材料。

二、户内燃气事故法律问题及案例分析

天然气和液化石油气都属于危险化学品，在燃气企业经营过程中，用户操作不当、超期软管脱落、腐蚀管道泄漏等诸多原因都可能导致居民户内燃气事故的发生。因燃气事故导致人员伤亡、财产受损而引发的侵权责任纠纷，往往成为燃气行业占比较大的一种案件类型。

（一）户内燃气事故的归责原则

1. 归责原则概述

在民法领域，归责原则是指确定行为人承担民事责任的理由、依据或根据，这也是侵权行为法的核心问题。① 国内学说界对归责原则类型的划分一般为：过错责任、无过错责任、公平责任。

过错责任原则是指当事人的主观过错是构成侵权行为的必备要件的归责原则。《中华人民共和国侵权责任法》第六条规定，行为人因过错侵害他人民事权益，应当承担侵权责任。根据法律规定推定行为人有过错，行为人不能证明自己没有过错的，应当承担侵权责任。

无过错责任原则，是指当事人实施了加害行为，虽然其主观上无过错，但根据法律规定仍应承担责任的归责原则；德国法上称为危险责任，英美法上称为严格责任。《中华人民共和国侵权责任法》第七条规定：行为人损害他人民事权益，不论行为人有无过错，法律规定应当承担侵权责任的，依照其规定。

公平责任原则，是指损害双方的当事人对损害结果的发生都没有过错，但如果受害人的损失得不到补偿又显失公平的情况下，由人民法院根据具体

---

① 王泽鉴：《侵权行为》，北京大学出版社2009年版，第11页。

情况和公平的观念，要求当事人分担损害后果。《中华人民共和国侵权责任法》第二十四条规定：受害人和行为人对损害的发生都没有过错的，可以根据实际情况，由双方分担损失。

2. 户内燃气事故的归责原则适用

实务中，容易引起争议的多集中在居民户内燃气事故的归责原则适用上，有的观点认为应适用无过错责任原则，有的观点认为应适用过错责任原则，本书主要围绕该类事故而展开。

（1）适用无过错责任原则

在再审申请人某燃气公司与再审申请人何某某侵权责任纠纷一案中，法院认为：首先，根据《中华人民共和国民法通则》第一百二十三条“从事高空、高压、易燃、易爆、剧毒、放射性、高速运输工具等对周围环境有高度危险的作业造成他人损害的，应当承担民事责任”的规定，结合本案已查明事实，燃气公司作为天然气供应者，为峨半家园 201 号房屋提供天然气通气作业。众所周知，天然气具有易燃、易爆属性。燃气公司从事的行业为易燃、易爆等高度危险之作业。因此，应当依法认定燃气公司为高度危险作业者。其次，根据建设部《燃气燃烧器具安装维修管理规定》第二十一条“未通气的管道燃气用户安装燃气燃烧器具后，还应当向燃气供应企业申请通气验收。通气验收合格后，方可通气使用”之规定，燃气公司作为燃气专业供应企业，应当对用户安装的燃气燃烧器具进行通气验收，以确保燃烧器具符合安全使用要求，亦是其法定的义务。本案中，燃气公司在用户的燃气燃烧器具尚未安装完毕，且通气软管亦未正确连接燃气燃烧器具情况下，仅仅关闭了 201 号房内入室总阀，却未及时关闭户外集中表箱内天然气总阀门，致天然气输送到用户室内，其自身存在严重过错。燃气公司作为专业的燃气供应企业，在作业中应当负有高度的安全注意义务。即使燃气公司入户检修人员履行了向何某某进行相关安全提示的义务，燃气公司作为高度危险作业者亦未充分尽到对天然气所具有的危险性的高度安全注意义务，致使天然气因 201 房内入户阀门被打开而发生泄漏，留下重大安全隐患。最后，根据《中华人民共和国侵权责任法》第六十九条的规定，从事高度危险作业造成他人损害的，应当承担侵权责任。因此，燃气公司应当承担本次燃气爆炸燃烧事故的主要责任。①

有的法院则对无过错责任持否定意见。在上诉人赖某某与被上诉人某燃气集团有限公司、中国人民财产保险股份有限公司南昌市分公司侵权责任纠纷一案中，法院认为：关于本案是否按高度危险作业侵权而适用无过错责任原则。《中华人民共和国侵权责任法》第七十二条规定：占有或者使用易燃、易爆、剧毒、放射性等高度危险物造成他人损害的，占有人或者使用人应当承担侵权责任，但能够证明损害是因受害人故意或者不可抗力造成的，不承担责任。被侵权人对损害的发生有重大过失的，可以减轻占有人或者使用人的责任。本条是关于占有或者使用高度危险物造成他人损害所应当承担的民事责任的规定，其适用的前提是高度危险物的占有人或使用人占有、使用高度危险物时对占有人、使用人之外的第三人造成损害。本案中，赖某某为管道燃气设施的占有人、使用人。其家中发生燃气爆炸事故，其对自身所受损害要求燃气公司赔偿，二者之间并不是高度危险物的占有、使用人与受到损害的第三人之间的关系，因此《中华人民共和国侵权责任法》第七十二条不适用本案，对赖某某主张的本案应适用无过错责任原则，燃气公司对涉案事故承担无过错责任的主张，本院不予支持。②

（2）适用过错责任原则

从多数案例来看，燃气企业被判决承担赔偿责任，都是基于对事故的发生存在过错为前提，被认定适用无过错责任原则的案例并不多见。至于燃气过错的情形，多种多样：

a. 上诉人某燃气集团因与被上诉人徐某某、原审被告张某某、原审被告李某等侵权责任纠纷一案中，法院认为：某燃气集团主张其在 2017 年 11 月 17 日 11 时左右对事故发生的楼宇进行了巡检，住户未在家，但巡检时间为工作日，且依据某燃气集团的巡检记录显示，该房屋户内燃气设备实际已经超过两年未进行安全检查，某燃气集团应采取其他措施通知用户进行检查，如联系物业公司通知用户或在住户门口张贴通知等。因此，法院认定某燃气集

① 参见中国裁判文书网，案号：（2014）川民申字第 2263 号。

② 参见中国裁判文书网，案号：（2017）赣 01 民终 874 号。

团未尽到安全巡检义务，其应当承担此次事故50%的赔偿责任。①

b. 上诉人某燃气公司与被上诉人吕某、原审被告渤海财产保险股份有限公司天津分公司侵权责任纠纷一案，法院认为：事故的发生系燃气公司工作人员违反燃气故障操作规程，在未查明故障原因的前提下，随意指挥用户自行处理所致，燃气公司在本次事故中存在过错，应当承担相应的赔偿责任。②

c. 上诉人某燃气公司、河南某实业有限公司因与被上诉人丁某某产品责任纠纷一案，法院认为：燃气公司未及时安装燃气报警器，致燃气泄漏后，燃气紧急切断阀未及时切断，同时燃气公司未及时有效开展危险排查工作，使丁某某之妻于某未能及时知晓其所使用的燃气灶具系不符合标准的产品，故燃气公司应当承担相应的赔偿责任。③

（3）适用公平责任原则

在上诉人任某某与被上诉人彭某某、李某、某燃气公司侵权责任纠纷一案中，就各民事主体是否存在过错方面，法院认为：a. 本案天然气爆燃的直接原因是老鼠咬破连接灶具软管，故连接灶具的天然气软管是否老化与本案事故发生并无因果关系，业主彭某某、李某使用通用型天然气软管并无过错。b. 连接燃气灶的燃气软管，应属于燃气燃烧器具的辅助性设施，并不属于《城镇燃气管理条例》规定的由燃气经营者负有安全检查义务“燃气设施”。燃气公司已经尽到巡检告知义务，对此起天然气爆燃并无过错。c. 房屋内进入老鼠并咬烂连接灶具的天然气管道，属于难以预见的小概率意外事件，租户任某某对此并无过错。就任某某开灯导致天然气爆燃是否存在过错，法院认为：对于天然气泄漏是否能够开灯，与相关部门、机构对社会大力宣传有关，就目前情形而言，并非为社会大多数居民均已知晓、掌握的安全使用天然气的知识，即在天然气存在泄漏的情况下，不能开灯并不是大多数人下意识的反应及行为。结合此案的具体情形，法院认为租户就天然气的爆燃并不存在过错。在本案各民事主体均无过错的情况下，法院认为：根据《中华人民共和国侵权责任法》第二十四条“受害人和行为人对损害的发生都没有过

---

① 参见中国裁判文书网，案号：（2019）京01民终3972号。
② 参见中国裁判文书网，案号：（2017）鲁03民终2265号。
③ 参见中国裁判文书网，案号：（2017）鲁11民终1651号。

错的，可以根据实际情况，由双方分担损失”规定，彭某某、李某作为案涉房屋的所有人，是租赁合同的受益人，在本案中可以适当分担任某某的部分损失；燃气公司作为指导燃气用户安全用气、节约用气的燃气经营者，对用户安全用气负有法定义务，在本案中亦可分担部分损失。①

本案适用公平责任原则的前提是法院认定包括房屋所有人在内的各民事主体对于事故的发生均无过错。而在上诉人某燃气集团有限责任公司与被上诉人徐某某、原审被告张某某、原审被告李某等侵权责任纠纷一案中，同样存在老鼠咬破胶管的情形，法院则认定房屋所有权人存在过错，需要承担10%的赔偿责任。② 在上诉人某燃气公司与被上诉人吕某、原审被告渤海财产保险股份有限公司天津分公司侵权责任纠纷一案中，法院也认为：吕某作为燃气用户疏于对户内燃气通道的日常维护，未及时发现燃气橡皮管被老鼠啃咬出现的燃气泄漏，应自行承担20%责任。③

从本案适用公平责任原则来看，判决的逻辑应是首先否认了对无过错责任的适用，否则就可以直接适用高度危险责任。也从另一个角度印证了部分学者有关公平责任原则并非一项独立归责原则，仅是一种责任承担形式的观点。

（二）户内燃气事故的责任认定

户内燃气事故发生后，政府会根据事故的大小进行相应的调查。根据国务院《生产安全事故报告和调查处理条例》第十九条的规定：特别重大事故由国务院或者国务院授权有关部门组织事故调查组进行调查。重大事故、较大事故、一般事故分别由事故发生地省级人民政府、设区的市级人民政府、县级人民政府负责调查。省级人民政府、设区的市级人民政府、县级人民政府可以直接组织事故调查组进行调查，也可以授权或者委托有关部门组织事故调查组进行调查。未造成人员伤亡的一般事故，县级人民政府也可以委托事故发生单位组织事故调查组进行调查。从上述规定来看，国家根据事故等级的不同，对负责调查的组织主体要求也不同。

---

① 参见中国裁判文书网，案号：（2017）川01民终4252号。
② 参见中国裁判文书网，案号：（2019）京01民终3972号。
③ 参见中国裁判文书网，案号：（2017）鲁03民终2265号。

从目前的司法实践来看，对于事故调查组最后形成的调查报告是否可以提起行政诉讼，存在截然不同的两种观点。第一种观点认为报告不具有可诉性。例如，辽宁省阜新市中级人民法院在波特森公司不服细河区安监局事故调查报告一案中，认为调查报告属于内部不可诉的行为，且《安全生产行政复议规定》已明确规定生产安全事故调查报告不属于安全生产行政复议范围。① 第二种观点认为报告具有可诉性。例如，原告胡某某、陈某某诉被告肇庆市端州区人民政府请求撤销事故调查报告纠纷一案中，肇庆市中级人民法院认为：《事故调查报告》作为相关部门对“6·1”市高级技校游泳池溺水事故处理的依据，已对原告的权利义务产生实际影响，故，《事故调查报告》可诉，原告具有诉讼主体资格②。

但是，政府机关对于事故调查报告的批复，司法实践中多数法院都认为是具有可诉性的。例如，在上诉人濮阳市全顺汽车服务有限公司诉咸阳市人民政府、咸阳市安全生产监督管理局行政批复一案中，陕西省高级人民法院认为：《咸阳市安全生产监督管理局关于福银高速彬县服务区1·30苯泄漏事故调查报告的批复》（以下简称《批复》）对事故的原因、性质、责任等进行了认定，是可诉的具体行政行为。③ 在上诉人哈尔滨晟森劳务服务有限公司诉哈尔滨市道里区人民政府行政批复一案中，黑龙江省高级人民法院认为：道里区政府作出的批复同意道里区安监局报告中对于事故责任单位和责任人员的认定，已经将晟森公司列为事故责任主体，为上诉人晟森公司设定了一定的义务，且道里区安监局已向晟森公司送达了道里区政府的批复，对晟森公司的权利义务已经产生了实际影响，与上诉人晟森公司存在法律上的利害关系。因此道里区政府作出的批复具有可诉性，属于人民法院行政诉讼的受案范围。④ 但是，有的法院则认为批复不具有可诉性。例如，在上诉人伍某某因城建其他行政行为一案中，安顺市中级人民法院认为：黄管委函〔2015〕175号批复系被上诉人针对黄果树风景名胜区安全生产监督管理局提交的《黄果

① 参见中国裁判文书网，案号：(2015) 阜行终字第9号。
② 参见中国裁判文书网，案号：(2015) 肇中行初字第25号。
③ 参见中国裁判文书网，案号：(2014) 陕行终字第00064号。
④ 参见中国裁判文书网，案号：(2016) 黑行终323号。

树镇安庄村杨湾组装载车事故调查处理结果的请示》而作出的，该批复的内容为同意事故调查报告，只是一个程序性、阶段性、内部性的行政行为，尚未对上诉人的合法权益产生实际影响。被上诉人虽然将批复及调查报告送达给上诉人，并不代表该批复的性质已经发生转变，其仍不具有可诉性。①

从事故调查报告及其批复是否具有可诉性的司法实践来看，对于燃气企业而言，如果事故调查报告的结论与事实不符，在与政府部门沟通无果的情况下，可以考虑提起行政复议或行政诉讼。即便未能推翻调查报告的结论，在民事诉讼环节，也应据理力争，结果存在反转的可能。某天然气有限公司、泽普县胡玛尔快餐厅财产损害赔偿纠纷就是一例。

2013 年 10 月 7 日至 12 日，某天然气有限公司对泽普县第一小学至泽普县胡玛尔快餐厅段的天然气主管道进行停气检修。2013 年 10 月 8 日，胡玛尔餐厅后堂发生了爆炸事故，造成部分餐具、灶具损坏及 7 名雇员不同程度烧伤。2015 年 2 月 28 日，泽普县住房与城乡建设局、泽普县公安消防大队、泽普县质量技术监督局、泽普县安全生产监督管理局联合作出了《泽普县胡玛尔餐厅天然气闪爆事故调查报告》。调查报告认定：事故原因是天然气泄漏爆炸引发火灾，确定天然气是从燃气灶软管和单嘴阀连接处泄漏。燃气公司未能有效履行停气、检修告知义务，在该起事故中应当承担主要责任。胡玛尔餐厅未能对所属于自身产权的燃气设施进行安全有效的使用管理，对该起事故的发生应当承担次要责任。

调查报告送达后，燃气公司不服，以“事故调查分析与原因判定相互矛盾，原因判定及责任认定严重违法”为由，请求法院依法撤销泽普县安全生产监督管理局等四部门共同作出的调查报告中责任认定的行政行为，判令其重新作出行政行为。一审、二审法院认为本案不属于行政诉讼的受案范围，裁定不予立案。

2015 年 5 月 12 日，胡玛尔餐厅根据调查报告认定的责任，行使追偿权，诉请燃气公司按 85% 比例赔偿其已支付给雇员的各项费用。一审法院认为：本案中，原告已全额承担了 6 名受伤雇员因天然气闪爆事故产生的各项经济

① 参见中国裁判文书网，案号：(2016) 黔 04 行终 8 号。

损失。天然气闪爆事故的成因及责任承担已由《泽普县胡玛尔餐厅天然气闪爆事故调查报告》确定，被告承担80%，原告承担20%，因此原告对其已经全额承担但应由被告承担的部分，有权进行追偿。原告要求依法判令被告赔偿原告6名雇员因天然气爆炸造成各项经济损失的诉讼请求，事实清楚、证据确实充分，但追偿比例过高，应确定为实际损失的80%。①

燃气公司不服一审判决提起了上诉，并且申请对事故的原因进行司法鉴定。但鉴于本案不具备司法鉴定的条件，二审法院针对调查报告中存在的疑点，向新疆维吾尔自治区住房和城乡建设厅进行了咨询，该厅出具答复函认为：爆炸事故发生时，泽普县第一小学至胡玛尔餐厅段的天然气主管道尚处停气检修期间，在此期间燃气公司停止天然气供气，不可能因天然气泄漏导致闪爆事故，且不能排除胡玛尔餐厅在停气期间使用液化气作为气源的可能，亦不能排除胡玛尔餐厅天然气灶具使用液化气气源的可能。最终，二审法院根据《泽普县胡玛尔餐厅天然气闪爆事故调查报告》认定的事实结合自治区住房和城乡建设厅答复函，酌定燃气公司承担事故30%的赔偿责任、胡玛尔餐厅自行承担事故70%的责任。②

燃气公司从一审判决承担80%的责任，到二审改判承担30%的责任，无疑是一个大反转，带给我们不少的启示：

1. 穷尽救济途径。在调查结论存在与事实不符的情况下，应据理力争。目前对于事故调查报告、事故调查报告的批复是否可以提起行政复议、行政诉讼，有的法院支持，有的反对。从维护燃气企业自身权益角度出发，应坚持实事求是，以科学的论据充分阐述对于调查结论的异议理由，寻求得到案件主审法官的共鸣。从本书所涉案例可知，调查报告关于责任的认定并非是绝对的，只要有合理客观的理由，一样可能被法院推翻。

2. 发挥专家作用。在无法针对调查报告提起行政复议、行政诉讼，又无法重新司法鉴定的情况下，可以建议法院向上级燃气主管部门或者城市燃气协会进行咨询，或者主动向法院提供主管部门或者燃气协会支持燃气企业观

① 参见中国裁判文书网，案号：(2015) 泽民初字第665号。
② 参见中国裁判文书网，案号：(2016) 新31民终1011号。

点的书面材料。

3. 加强运营管理。本案中，燃气公司仍被认定承担 30% 责任的原因，在于法院认为“燃气公司虽称其在停气检修时已口头告知了胡玛尔餐厅，但未提供有效证据予以证明，且胡玛尔餐厅对此不予认可”。因此，燃气企业在运营管理中涉及安检、维修、停气、责令整改等活动时，均应留存书面证据，方能证实自身已依法履行相应职责。

第五章　燃气计量法律问题

一、计量结算纠纷裁判观点

天然气的准确计量对公平的贸易结算具有至关重要的作用，随着天然气的普及、智能燃气表的推广，有关天然气计量纠纷也越来越多。

（一）计量结果无双方确认不被支持

在原告某燃气公司诉被告某制造公司供用气合同纠纷一案中，基于“双方在合同中约定，经双方共同书面确认的《燃气费通知单》为结算天然气价款的有效凭证。根据双方交易往来，截至2016年12月23日前的《天然气计量交接凭证》都有原、被告双方的签字，但2017年1月19日的《天然气计量交接凭证》只有燃气公司的签字及盖章，并无制造公司的签字”的事实。法院认为：《天然气计量交接凭证》并未经双方书面确认，不能作为结算天然气价款的有效凭证。此外，虽然燃气公司主张在庭审时出示的流量表和修正仪实物就是原先安装在制造公司的两台天然气设备，设备上所示数据也能证明制造公司的实际用气量，并提供照片、计量表检定书、委托检定发票等证据予以证明。但是法院认为：照片无法显示上述两台设备安装在制造公司，计量表检定证书的送检单位是燃气公司，委托检定发票上虽然抬头是制造公司，但是检测费用没有标注设备的规格型号，不能证明制造公司承担检测费的设备与当庭提供的设备之间存在同一性。故无法证明流量表和修正仪上的所示用气量即制造公司最后一周的用气量。①

① 参见中国裁判文书网，案号：（2017）苏0206民初3736号。

可见，燃气企业应加强日常计量结算管理，对计量记录、交接凭证等应及时让用户签字盖章确认。

（二）日常生活经验法则的运用

某燃气公司与李某某供用气合同纠纷中，法院认为：关于被告是否应就计量表示值缴纳燃气费问题。第一，被告认为其自2010年燃气故障报修后一直未使用燃气，与常理不符，依据常理，拨打预留电话非原告官方维修电话，报修后未得到及时上门维修，应该及时拨打官方维修电话，由于燃气是生活必需，不至于拖至五年才催促原告上门维修，被告并未给出合理解释，由此可以推出被告一直是有使用燃气的。被告作为燃气使用方，使用燃气公司提供的燃气，应支付相应的合同对价，即被告负有依约缴纳燃气费用的义务。第二，根据被告缴费记录，被告在2015年2月18日之前共缴费145立方米，被告燃气设备显示截至2015年2月18日实际用气量为456立方米，被告尚欠311立方米费用未缴纳，计费1072.95元，被告对此负有缴费义务。被告对计量表示值存疑，该计量表检定结果显示，该计量表密封性合格，示值误差合格，虽属原告单方委托鉴定结果，由于庭审中被告既没有提交计量数据的其他证据，也明确表示不再申请重新鉴定，在没有相反证据证明的情况下，本院对这一结果予以采信。①

本案中，法院利用日常生活经验法则，认为被告五年未使用燃气的情形不符合常理，不予采信。

（三）电子计数与机械计数不一致时的举证责任

某燃气公司与王某某供用气合同纠纷一案中，涉案燃气表为民用IC卡燃气表，该表上部是机械计数部分，中部是电子显示屏部分，下部是卡槽及安装电池部分。IC卡燃气表是预付费用方式使用的，即由用户持燃气卡至燃气公司处购买燃气，用存在燃气卡中的燃气充值到燃气表内使用，购买燃气使用完毕后燃气自动切断不能使用。就燃气公司主张的依据燃气表机械部分读数计算燃气费用问题，一审法院认为：从燃气公司的职能来看，燃气公司作为提供燃气、表具的服务单位，其应负责燃气的供给，燃气表的日常维护、

① 参见中国裁判文书网，案号：（2016）粤0115民初4105号。

校对、检测、管理等，燃气公司在安装燃气表时就应该选用合格的产品，安装以后应该定期检查，发现问题及时维修，如果认为表不准，及时校正，如果没有及时校正出现问题、产生损失应由燃气公司来承担，而不能转嫁给消费者即本案被告身上。关于燃气表的计数问题，燃气公司称本案所涉的燃气表电子显示屏处有故障，机械部分无故障，主张按照机械部分的读数收取燃气费，燃气公司对该项主张负有举证责任。最后，法院未支持燃气公司按照机械部分读数收取费用的诉求。①

在上诉人青海省某戒毒所与被上诉人某燃气公司供用气合同纠纷一案中，法院认为：确定燃气公司安装和维护的流量计与 IC 卡表出现用气量数据不一致的原因是认定戒毒所是否承担责任的基础，对此，燃气公司负有举证义务。燃气公司依据用户计量设备巡查记录表、确认单，主张戒毒所承担多于 IC 卡计量的流量差额部分的燃气费用，但其提交的上述证据不能证实戒毒所在使用燃气期间故意损毁 IC 卡表或者私自改装线路的情形存在，也不能证实戒毒所存在未缴费购气而使用燃气的事实，戒毒所因燃气公司更换计量设备而在确认单上的签字不能证明对差额部分气量的认可，且根据燃气行业规则，使用燃气的流程为用户先缴费后使用，使用燃气流量的多少是以用户 IC 卡在 IC 卡表上显示的数额为依据，燃气公司认为是以流量计为准进行燃气费用结算，但未能举证证实对此双方是予以确认的，且燃气公司亦不能举证证实其安装、维护的流量计未出现错误统计的相关证据。出现流量计数据和 IC 卡表数据不一致，不能归责于燃气的使用者。作为提供燃气服务的供气企业，燃气公司负有保证其提供的供气计量设备、仪表的安全正常使用的责任和义务，并负有解决设备存在问题保证用户安全用气的法定职责，其理应对提供用户使用的相关计量设备进行检修、维护，发现问题及时处理解决。燃气公司在出现问题长达十余年后，以用户的 IC 卡购气记录与流量计显示数据不一致，要求由戒毒所对超出的气量承担责任，证据不足，其应对此承担举证不能的法律后果。②

---

① 参见中国裁判文书网，案号：（2013）龙民二初字第 00098 号。
② 参见中国裁判文书网，案号：（2017）青 01 民终 1437 号。

其实，上述案例中的燃气企业忽略了对于《燃气服务导则》的适用。2012年11月5日公布的《燃气服务导则》，即GB/T28885－2012国家标准，第6.2.4.c规定，对燃气计量有异议的，可向法定检测机构提出检定申请，燃气用户的用气量以基表显示的数据为基准数据。该标准已于2013年6月1日开始实施。2018年8月9日，巢湖市人民政府在回复《合肥市人民政府督办通知》时指出："为保障居民户内燃气设施安全运行，合肥××燃气公司免费对居民户内到期燃气表进行更换。IC卡膜式燃气表分为基表及控制器两部分，基表是计量依据，控制器是预付费装置。受用气环境及不当操作的影响，控制器计数会产生偏差。当基表计数与控制器不符时，根据国家质量监督检验检疫总局发布的《燃气服务导则》（GB/T28885－2012）第6.2.4条相关规定，用气量以基表显示的数据为基准数据。用户对燃气计量有异议的，可向法定检测机构提出检定申请。"

除上述实践外，相关案例也引用了《燃气服务导则》。在北京某物业管理有限公司与北京市燃气集团有限责任公司供用气合同纠纷案中［（2016）京0105民初66350号］，法院认为：原告主张×设备基表故障，应以卡控显示的数字作为其剩余气量，要求被告向其返还相应的对价款。根据庭审查明的事实及现有证据，首先，《记录单》上明确记载报修原因系卡控主板坏，故障判断为卡控主板坏，原告工作人员亦在《记录单》上签字，故应当认定对于×设备故障原因双方均已认可为卡控主板损坏。现原告提出卡控设备运行正常，以卡控显示数字作为剩余气量缺乏事实依据。其次，《燃气服务导则》为通行的国家标准，其中明确规定燃气用户的用气量以基表显示的数据为基准数据，原告主张以卡控数据作为基准数据，缺乏法律依据。最后，原告主张基表计量存在误差的可能，但对本案中×设备基表确存有误差未能举证证明，故不能仅因存在技术上的可能性进行推定，原告的主张本院无法采纳。

（四）燃气表故障时主张气费应进行检测

在某燃气公司与余某某供用气合同纠纷一审中，原告起诉称：被告持IC卡购买燃气，因其使用的燃气表控制器故障导致其多年没有购买燃气用气量，但是依然可以正常使用燃气。经原告工作人员核实，被告2009年至今只购买655立方米燃气，但是实际使用量是2130立方米，依据民用户燃气价格计算，被告应补交5464.75元燃气费。被告答辩称：产生燃气费是事实的，但只愿意承担燃气费的三分之一。因为，燃气公司自身提供的表损坏，存在过错，且原告使用有故障的表长达一年多时间没有人来换表，根据消费者权益保护法，消费者只承担三分之一责任。另外，对原告起诉的燃气使用量有异议，原告提供计量的表存在故障，上面显示的数字不准确，不应以此为准。

该案中，燃气公司更换故障表后委托金华市质量技术监督检测院出具校准证书。在被告庭审中放弃对该燃气表计数重新检测，亦未提交证据以反驳该具体用气量的情况下，法院依据燃气表基表底数，确定被告的用气量为2130立方米。并认为燃气公司所提供的燃气表附加装置产生故障，此并非燃气公司所能预见，也非其本意所为之，其在履行供气的合同义务中并无过错。另外，该附加装置故障，不影响燃气用户的使用，并未造成被告余某某的权益受损。被告应按实际用量结算燃气费用。法院支持了燃气公司的诉求。①

在另一起类似案件中，未进行检测的燃气公司诉求就未得到法院支持。在上诉人某城建公司与被上诉人张某供用气合同纠纷案中，原审查明：2012年8月17日，原告在被告处购买民用天然气，并以IC卡预付费方式购气使用。2016年1月7日，因燃气表出现报警提示，原告向被告电话联系维修，1月8日被告派员更换燃气表，并以“IC卡表预付费器功能失效”为由继而依据基表显示“已用气量11837立方米”和总购气量3748立方米，要求原告补交8089立方米燃气款6875元。2016年1月11日、2月6日，原告向被告共补交气款11000元。原审认为：《城镇燃气管理条例》（国务院令第583号）第十九条规定：“管道燃气经营者对其供气范围内的市政燃气设施、建筑区划内业主专有部分以外的燃气设施，承担运行、维护、抢修和更新改造的责任。管道燃气经营者应当按照供气、用气合同的约定，对单位燃气用户的燃气设施承担相应的管理责任。”国务院法制办、住房城乡建设部法规司和城市建设司编制的《城镇燃气管理条例释义》对“建筑区划内业主专有部分以外的燃气设施”所作具体解释为“敷设、安装自建筑物与市政道路红线之间和建筑区划内业主共有的燃气设施，以及燃气引入管、立管、阀门（含公用阀门）、

① 参见中国裁判文书网，案号：（2016）浙0702民初5319号。

水平管、计量器具前支管、燃气计量器具等”。根据上述规定和解释，燃气表属“业主专有部分以外的燃气设施”，应由燃气经营者承担运行、维护、抢修和更新改造的责任。燃气表作为燃气经营者履行供用气合同必须提供的一种计量器具，作为合同的附随义务，与供气行为不可分离。《中华人民共和国消费者权益保护法》第十条规定：“消费者享有公平交易的权利。消费者在购买商品或者接受服务时，有权获得质量保障、价格合理、计量正确等公平交易条件，有权拒绝经营者的强制交易行为。”燃气经营者计算售出燃气数量、确定用户的缴费义务，必须以配装合格的燃气表为前提，否则无法完成供用气交易行为。因此，配装合格的燃气表是燃气经营者开展经营活动的先决条件。本案中，张某原使用的燃气表由基表和附加 IC 预付费计费装置组成，城建公司在张某提出维修申请后更换燃气表，并继而依据基表显示“已用气量”和《IC 卡购气记录列表》显示“已购气量”，要求张某补缴燃气款。首先，城建公司对张某所使用燃气表负有维护义务以保证其正常计量、计费，在燃气表未受人为损坏的情况下，如出现燃气表计量或计费不实，其后果不得归责于燃气用户；其次，城建公司认为张某原使用燃气表中附加 IC 卡预付费计费装置已失效，但并未提供相关直接证据予以证实；最后，城建公司认为张某原使用燃气表中的基表计量正常，而附加 IC 卡预付费装置失效，但实际已对上述装置一并予以更换的做法与其陈述相矛盾，被更换基表所显示“已用气量”缺乏客观性。综上，城建公司依据基表显示“已用气量”要求张某补缴气款缺乏事实基础，因此张某已经补缴的气款城建公司应予返还。

城建公司不服一审判决，提起上诉称：本案因被上诉人未能及时更换电池，才导致了天然气表 IC 卡计量装置出现故障，出现 IC 卡计量装置与基表读数不一致的情况。根据国家质量监督检验检疫总局发布的（JJC577 –2012）《膜式燃气表检定规程》第 4.1.2 条的规定：“附加装置是基表上附加的可以实现相应功能的装置。允许在基表上装有预付费装置、脉冲发生器、工商业表二次装置等实现某些功能的附加装置，但是不能影响燃气表的计量性能。”此条标明，基表是燃气表的计量装置。当附加装置与基表的读数不一致时，应以基表读数为准，被上诉人应向上诉人补缴天然气款。故请求二审法院依法改判，驳回被上诉人的诉讼请求。二审法院认为：上诉人在诉讼中片面地强调其IC卡计量器仅是预付费计费功能失效，基表读数正常计量的陈述仅是从其自身利益角度出发，但并未能就自己的诉求提供支持自己主张的有效证据，法院在审查案件事实时，对各方陈述的趋利避害事实或存在疑点的证据均不予采信。故上诉人依据基表显示“已用气量”要求被上诉人补缴气款缺乏事实依据，因此被上诉人已经补缴的气款上诉人应予返还。①

（五）安装GPRS远程传输系统对计量的影响

2011年4月28日，河南某铝业公司以燃气公司在其天然气流量计上加装GPRS远程监控系统后燃气费用一直上涨、拆除后经过3个月的实际使用又恢复原态为由向巩义市质量技术监督局投诉。巩义市质量技术监督局和河南省质量技术监督局都认为在流量计加装GPRS无线抄表系统后会因流量计制造质量、抗静电干扰能力、通信联系输入等因素导致流量计计量失准。后铝业公司诉请燃气公司返还多收的气费799万元，并得到了一审法院的全部支持。

本案争议的事实在于煤气流量计上加装了GPRS远程监控系统后，在同等条件下，是否会导致用热和用气量明显增加。

一审法院认为：燃气公司在铝业公司使用的用气计量器具上安装GPRS远程传输系统，该系统系燃气公司购买、安装并由燃气公司拆除，燃气公司认为该流量计连接GPRS远程通信系统后流量计计量不会出现失准、不会多计量，燃气公司依法应负举证责任。燃气公司向该院提出书面鉴定申请后，将替代检材品——流量计及GPRS系统一套送交该院要求鉴定，该院通知燃气公司3日内提供该流量计、GPRS的购买发票、合格证及说明书等材料，后燃气公司书面表示不能提供GPRS系统的购买发票等相关材料，并收回之前送交法院的替代检材。因燃气公司不能提供相关鉴定材料，依法应承担举证不能的法律后果。

二审法院则对铝业公司提交的证据逐一进行了评判分析：1. 技术监督局的报告。该报告是在对不同厂家的产品进行测试后，对用气单位加装GPRS远程传输系统后可能对用气数量产生影响的结论。该结论既不是针对燃气公司所加装GPRS远程传输系统作出，也不能得出测试时间之外，在实

① 参见中国裁判文书网，案号：（2016）新28民终1291号。

际使用中的具体影响。该报告的作出是一个抽象行政行为，不能据此认定本案燃气公司加装的 PRS 远程传输系统导致铝业公司多支付燃气费。2. 铝业公司单方出具的生产日志。该日志用以和加装 GPRS 远程传输系统前后的用气量进行对比，要得出实际增加的用气量系加装 GPRS 远程传输系统所导致的，铝业公司单方出具的生产日志的客观性有待确认，不能排除为本案诉讼而仅出具对其有利的数据。3. 审计报告。该报告是根据铝业公司单方提交数据计算得出结论，据以得出结论的数字没有经过燃气公司确认，其客观性有待审核判断。

综上，二审法院认为，铝业公司的证据不能充分证明其全部主张。综合本案全部证据材料，大致显示加装 GPRS 远程传输系统后，有相应统计用气量数字加大情况发生，据此，本案应存在因 GPRS 远程传输系统的使用导致铝业公司多付用气费用的情况。但是，对于铝业公司损失的具体数额的确定问题，至今已不存在进行重新鉴定的基础，应参考案涉豫诚联评报字（2012）第 G01－02 号评估报告所确定的数额，综合本案全部案情，确定燃气公司对铝业公司所主张全部损失的 50% 承担返还责任为宜，燃气公司还应按中国人民银行发布的同期银行贷款利率向铝业公司支付相应利息损失。原审判决认定事实部分错误，适用法律有误，实体有欠妥之处，应予以纠正。①

二审判决后，燃气公司不服判决继而提起再审，河南省高级人民法院再审认为：本案争执的核心是在煤气流量计上加装了 GPRS 远程监控系统后，在同等条件下，是否会导致用气量的增加。相关行政部门的生效文书认为在流量计上加装 GPRS 远程监控系统后，会因流量计制造质量、抗静电干扰能力、通信联系输入等因素导致流量计计量失准。结合本案是否会导致燃气公司用气量增加，原审法院根据双方提供的证据，在不具备鉴定的基础上，按照优势证据的规则，通过行使自由裁量权，确定燃气公司对于铝业公司所主张的全部损失的 50% 承担返还责任。燃气公司申请再审所提出的理由，是对原审判决所依据证据的异议，但并无新的证据支持其再审理由。对于原审法院依据自由裁量权作出的判决，在没有新的证据的情况下，应当予以尊重。

① 参见中国裁判文书网，案号：（2015）郑民四终字第 1523 号。

从本案来看，燃气公司对于计量纠纷的举证责任分配应有充分的预判，一旦发生计量纠纷，应及时固定检材，保全证据，为进行鉴定提供基础条件。

（六）体积修正仪修正读数小于机械计数器读数时，燃气公司仍应进一步举证

在某燃气集团公司与某酒店有限公司供用电、水、气、热力合同纠纷中，法院认为：本案的争议焦点为在涉案计量表具使用期间被告实际使用的燃气用量。根据原、被告约定，结算燃气用量应在标准状态（温度为20℃、绝对压力为101.325KPa）下计量，故原、被告使用了涉案的计量表具，即气体罗茨流量计。该流量计由罗茨流量计基表（包括机械计数器）、体积修正仪（包括温度、压力传感器）和信号模块组成，机械计数器计量通过流量计的工况体积总量，通过脉冲信号传导至体积修正仪中并根据传感器所记录的实时温度、压力转化为标况总量，即标准状态下的体积总量。

原、被告共同委托的检定机构出具的检定证书对涉案气体罗茨流量计和当中的体积修正仪检定结论均为合格。原告认为是涉案流量计在被告处使用环境中的锅炉、配电柜、电机等设备产生强电强磁干扰，导致流量计机械计数器的工况体积总量在脉冲信号传导至体积修正仪过程中丢失，但原告仅提供了其自身和流量计生产厂家出具的说明，未能提供证据证明相关设备如何产生干扰、干扰的具体后果等。且涉案气体罗茨流量计使用环境中存在锅炉、电机等均属正常情况，原告也对该使用环境自始知情，并未有异议。且原告在2012年4月16日向被告发函即称是流量器安装现场存在干扰导致信号传感器脉冲数据丢失，从而使计量的结果出现偏差，起诉中又称检定机构之后的检验未对此进行检定。综上，目前尚没有证据证明涉案气体罗茨流量计修正仪读数不准确。

此外，原告还认为：涉案气体罗茨流量计的机械计数器读数准确、体积修正仪温度、压力传感器无故障，而最终体积修正仪修正读数小于机械计数器读数，可以说明被告少缴气款。

法院认为：根据体积修正仪体积换算所遵循的气态方程、被告使用锅炉的设计用气压力和现使用的新计量表具使用情况，可以推定在体积修正仪修

正读数和机械计数器读数的底数均为零、计量表具和锅炉均正常的情况下，体积修正仪修正读数一般应大于机械计数器读数，涉案表具拆表时显示的体积修正仪修正读数却小于机械计数器读数，确存在疑问。但该现象可能由多种原因造成，包括机械计数器存在较大底数、机械计数器计数不准确等。原告目前证据尚不足以排除其他可能，故不能仅依据涉案表具两读数间关系即认定被告少缴气款。根据原、被告合同约定，燃气计量表具发生损坏、故障或定期检定，均由原告负责处理。本案原告主张被告少缴气款，自应对被告实际用气数量及少缴气款的事实承担举证责任。①

二、计量表更换费用承担问题

早在2006年，四川就曾经展开一场关于燃气表到期更换费用由谁承担的大讨论。当地燃气公司认为：燃气表产权是用户的，应由用户付费更换，如不交费，后果自负。中消协和四川省消委会则认为消费者对燃气表没有产权，在目前对燃气表产权的归属没有定论的情况下，即使燃气公司收取燃气表更换费也应控制在合理范围内。

（一）行政法规、技术规范关于燃气计量表更换的规定

1.《城镇燃气管理条例》没有单独就燃气计量表更换问题进行规定，条例第十九条规定："管道燃气经营者对其供气范围内的市政燃气设施、建筑区划内业主专有部分以外的燃气设施，承担运行、维护、抢修和更新改造的责任。管道燃气经营者应当按照供气、用气合同的约定，对单位燃气用户的燃气设施承担相应的管理责任。"国务院法制办、住房城乡建设部法规司和城市建设司编制的《城镇燃气管理条例释义》对"建筑区划内业主专有部分以外的燃气设施"所作具体解释为"敷设、安装自建筑物与市政道路红线之间和建筑区划内业主共有的燃气设施，以及燃气引入管、立管、阀门（含公用阀门）、水平管、计量器具前支管、燃气计量器具等"。根据上述规定和解释，燃气表属"业主专有部分以外的燃气设施"，应由燃气经营者承担运行、维

① 参见中国裁判文书网，案号：(2012) 甬海商初字第1205号。

护、抢修和更新改造的责任。[①] 从条例释义把“建筑区划内业主共有的燃气设施”与“燃气引入管、立管、阀门（含公用阀门）、水平管、计量器具前支管、燃气计量器具”并列表述来推断，立法者似乎认为燃气表既非业主专有，也非业主共有，所以应该为燃气公司所有。

但是，“承担运行、维护、抢修和更新改造的责任”是否就等同于承担所有费用，仍值得进一步商讨。

2. 国家质检总局2012年9月发布的《膜式燃气表检定规程》要求：“对于最大流量 $q_{max} \leqslant 10m^3/h$ 的燃气表只作首次强制检定，限期使用，到期更换。以天然气为介质的燃气表使用期限一般不超过10年，以人工燃气、液化石油气为介质的燃气表使用期限一般不超过6年。”

从上述条文中可以看出，燃气表规定的“10年使用期限，限期使用，到期更换”并不是强制性的条款，关键在于超期的表是否计量准确，符合技术要求。

（二）地方法规、规章关于燃气计量表更换的规定

多地燃气管理法规规章明确燃气计量表由燃气企业负责更换。例如，2014年5月29日《浙江省燃气管理条例》第四十条第一款规定：燃气计量表和表前燃气设施由管道燃气经营企业负责维护、更新；燃气计量表后燃气设施和燃气燃烧器具，由燃气用户负责维护、更新。

2017年7月1日《大连市燃气管理条例》第十九条第一款、第二款规定：管道燃气经营者对其供气范围的市政燃气设施，建筑区划内居民用户业主专有部分以外的燃气设施，包括燃气引入管、立管、阀门（含公用阀门）、燃气计量器具和计量器具前支管及相关管道承担运行、维护、抢修和更新改造的责任。燃气居民用户对燃气燃烧器具以及连接软管承担维修管理责任。

有的地方则直接明确了费用的承担方式。例如，2018年6月28日修正的《黑龙江省城镇燃气管理条例》第二十三条规定：管道燃气经营企业负责燃气计量装置的安装、管理和维修，并按照规定期限检定；检定不合格的，应当及时维修或者更换。燃气计量装置达到国家规定使用期限的，应当及时更换；

---

① 参见《城镇燃气管理条例释义》，知识产权出版社2011年版，第62页。

居民用户的更换费用由管道燃气经营企业承担，非居民用户的更换费用由用户承担。

2012 年 12 月 1 日，《河北省燃气管理办法》第二十五条第一款规定：管道燃气经营者对燃气计量装置应当依法进行检定。燃气计量装置使用到规定年限后，由管道燃气经营者负责更换，所需费用计入企业成本。在承德市市场监督管理局与承德市宏源燃气有限公司行政处罚一案中，二审法院认为：被上诉人承德市宏源燃气有限公司向燃气用户收取更换燃气表的费用，违反了《河北省燃气管理办法》第二十五条、第五十一条等相关规定，应由有权机关对其违法行为进行处理①。

虽然 2003 年的《江西省燃气管理办法》第二十四条规定管道燃气设施的维修费用按下列规定承担：居民用户，以燃气计量表具的表前阀为界，表前阀前（含表前阀）的由供气单位承担，表前阀后的由用户承担。但是，2015 年《江西省发展改革委关于规范管道燃气安装费管理的通知》已明确规定：管道燃气安装费是指管道燃气庭院管网和室内管道建设安装所需的费用。包括从进入居民住宅区或用户庭院的支管（含调压箱）始，至入户燃气计量表尾阀所需的勘察、设计、施工、设备、管线材料、燃气计量表具等费用。

有观点认为，根据《物权法》第七十条规定："业主对建筑物内的住宅、经营性用房等专有部分享有所有权，对专有部分以外的共有部分享有共有和共同管理的权利。"表前阀至燃器具的燃气管道与设施及燃气计量表在业主专有区间内应由业主投资，按照谁投资谁所有的原则，应该完全由业主私有。但燃气计量表属于业主私有后，就会带来一个问题，就是强制更换问题，燃气公司将无权要求用户更换燃气计量表。而燃气公司一般都不敢放任燃气表超期服役的风险存在，以免承担安全事故带来的更大损失。

① 参见中国裁判文书网，案号：（2017）冀 08 行终 52 号。

第六章 盗窃燃气法律问题

从事供气业务的燃气企业，和自来水公司、电力公司一样，面对的是成千上万的海量用户，几乎日日夜夜都在发生交易，计量装置、用气设施远离企业而靠近用户，盗窃燃气的事件时有发生。

燃气作为一种特殊的“物”，看不见，摸不着，但其能为人力所控制，并具有经济价值，因此也是财产权利的客体，属于盗窃罪的犯罪对象。盗窃燃气行为是指“采用非法手段实施的不计量或少计量气量的用气行为”（《黑龙江省关于办理盗窃燃气违法犯罪案件适用法律问题的若干规定》第十二条），盗窃燃气者需要承担相应的民事责任、行政责任甚至刑事责任。

盗窃燃气的常见手段包括：移动、改装、改造、损坏、拆除、燃气计量装置，使其少计量或不计量；私自拆除、伪造、开启在燃气计量装置上加封的封缄、印证标记用气；在燃气计量装置前接管或绕越计量装置用气；将IC卡非法充值后用气；故意删除、修改用气计量气费的存储设备或者传输数据；在燃气供气设施上擅自安装管线和设施用气。

一、盗窃燃气的民事责任

盗窃燃气的民事责任，是指燃气用户违反了民事义务所应承担的法律后果，实践中主要表现为违约责任、侵权责任，并且两种责任存在竞合。

从建设部、国家工商行政管理局1999年印发的《城市供用气合同》示范文本以及各地示范文本、燃气企业格式合同文本来看，一般都约定了用户依约缴费以及不得擅自改动供气设施、计量装置、燃气管道等义务。盗窃燃气行为，一方面因存在改动、破坏燃气设施情形而构成违约，另一方面因通过盗窃手段无偿使用燃气而构成欠缴气费的违约。例如，原告陈某某与被告上海南汇天然气输配有限公司供用气合同纠纷一案中，法院认为：由于原告擅自改变了天然气表具正常的摆放位置，且在2013年8月25日至2015年11月11日，原告的用气计量表具的机械数显示仅使用了19立方米的天然气，液晶数没有发生任何变动，原告对上述明显有违常理的情况又不能作出合理解释，故足以认定原告实施了通过改变表具摆放位置以减少用气计量的行为，在性质上属于盗用被告的天然气，在合同法上构成违约，原告应当对此承担相应的违约责任。①

实践中，大多数燃气企业的入户安检人员或稽查人员发现用户盗气后，一般也是采取追缴气款的方式进行处理。然而，有的用户在补交气款后，转而起诉燃气企业，要求燃气企业退还气款，如果燃气企业在查处盗气追缴气款过程中，缺乏证据意识，未固定证据，或证据存有瑕疵，则还有被法院判决败诉的可能。

在何某与某燃气公司供用气合同纠纷一案中，一审时，双方对何某是否存在盗用燃气这一事实存在争议。何某坚持称其未在燃气计量表中安放螺帽，燃气公司提供调表单载明的调表原因是“验证”而非“盗气”，在燃气设施使用情况记录单中签字时其未看清记录单上的内容，缴纳3750元是因为燃气公司切断了燃气、影响了其正常生活，出于无奈才缴款。而燃气公司则称，根据何某在燃气设施使用情况记录单上签字的行为和当场缴款的行为足以认定其有盗窃燃气之事实，否则何某没有必要签字并缴款，至于调表单，因为双方当时是协商解决，所以为何某换新的燃气计量表的费用就由燃气公司来承担，故在调表单写的是“验证”而非“盗气”。但是，法院认为：何某称其在燃气设施使用情况记录单上签字时未看清单据内容，但何某作为一个具有完全民事行为能力的人，应当对自己的行为所产生的法律后果承担责任。何某没有证据证明其是在受胁迫情况下缴费，且何某与燃气公司之间发生争议后也没有采取投诉、报警、诉讼等方式解决。最后一审法院驳回了何某的

① 参见中国裁判文书网，案号：(2015) 浦民一（民）初字第45453号。

诉讼请求，二审法院维持原判。①

而在某燃气公司与张某供用气合同纠纷一案中，燃气公司作为供应煤气的一方，同时也承担着对煤气设施查验、维修等职责。故，对于张某是否存在窃气行为，应当由主张行为存在的一方即燃气公司承担举证责任。现燃气公司在张某家检查后认为张某窃气的主要证据为煤气表指针与“年瓦斯收费卡片”载明不符。考虑到燃气公司表示“年瓦斯收费卡片”中铅笔标注并不是习惯性做法以及铅笔易于涂改的性质，由此直接确定张某窃气，证据不足。燃气公司提供的询问笔录在此前提下形成，张某提出了部分否定燃气公司主张的证据以及相应的解释，燃气公司如能提供当时的执法记录仪视频，则可以清晰还原当时现场。但燃气公司对此份重要的证据保管不善，应承担举证不能的责任。故，凭现有证据不能证明张某有窃气行为存在，也就不能按照使用习惯计算补缴数额。燃气公司收取张某的 2 万元煤气费，应予返还。燃气公司如有新的证据能够充分证明张某存在窃气行为，可另行主张权利。②

二、盗窃燃气的行政责任

就盗窃燃气的行为而言，若尚未构成犯罪，则需要根据《中华人民共和国治安管理处罚法》承担相应的行政责任。《中华人民共和国治安管理处罚法》第四十九条规定：盗窃、诈骗、哄抢、抢夺、敲诈勒索或者故意损毁公私财物的，处 5 日以上 10 日以下拘留，可以并处 500 元以下罚款；情节较重的，处 10 日以上 15 日以下拘留，可以并处 1000 元以下罚款。例如，据大众网 2016 年 1 月 6 日报道，武某为逃避使用天然气，从 2014 年 2 月开始私自将厨房内天然气管道上的燃气计量表拆掉了，直接将燃气管道接到了燃气炉上。经调查，武某采用拆除天然气表、私接天然气管道的方式盗窃天然气总价值 800 余元。菏泽中石油昆仑燃气公司发现后报警，菏泽开发区警方对武某处以 10 日行政拘留并处罚款 1000 元。

① 参见中国裁判文书网，案号：(2012) 沪二中民一（民）终字第 504 号。

② 参见中国裁判文书网，案号：(2017) 辽 04 民终 949 号。

如果是在盗窃过程中实施擅自安装、改装、拆除户内燃气设施和燃气计量装置的行为的，除可能承担治安处罚责任外，燃气管理部门可以依法“责令其限期改正，逾期不改正的，对单位可以处10万元以下罚款，对个人可以处1000元以下罚款；造成损失的，依法承担赔偿责任”。实践中，燃气管理部门能否作出责令限期改正的文书，需要燃气企业的大力推动和配合。

三、盗窃燃气的刑事责任

刑事责任，是盗窃燃气行为所需承担的最严重的一种法律责任。根据我国刑法规定，以非法占有为目的，秘密窃取公私财物数额较大或者多次盗窃公私财物的行为，构成盗窃罪。

鉴于燃气是一种特殊的无形物，为便于实务中更好地理解“财物”的范围，原1998年3月公布实施的《最高人民法院关于审理盗窃案件具体应用法律若干问题的解释》（已废止）专门指出“盗窃的公私财物，包括电力、煤气、天然气等”。但是司法实践中因盗窃燃气而被追究刑事责任的案例并不多见，各地执法标准中如何认定盗窃金额均不一致。随着燃气盗窃形势不断趋于严峻，2002年天津市率先在全国由天津市高级法院、市检察院、市公安局、市司法局、市质量技术监督局联合制定《关于办理盗窃燃气违法犯罪问题的若干规定》，而后2009年黑龙江省，2011年郑州市、上海市均先后出台类似的“若干规定”，各地对盗窃燃气行为的法律适用和立法研究进行了统一标准方面的前期探索。

2013年4月4日，《最高人民法院、最高人民检察院关于办理盗窃刑事案件适用法律若干问题的解释》（法释〔2013〕8号）正式实施，完善了对盗窃公用事业电力、燃气、自来水数额的认定方法，对燃气企业保护自身财产而言具有重大意义。该解释使用“燃气”来替代“煤气、天然气”的表述，更为准确，并规定了盗窃“电力、燃气、自来水”数额的具体计算方法：盗窃数量能够查实的，按照查实的数量计算盗窃数额；盗窃数量无法查实的，以盗窃前六个月月均正常用量减去盗窃后计量仪表显示的月均用量推算盗窃数额；盗窃前正常使用不足六个月的，按照正常使用期间的月均用量减去盗窃后计量仪表显示的月均用量推算盗窃数额。例如，在苏某盗窃罪一案中，苏某经营“依思陶瓷厂”，在天然气管道上焊接小管道，绕过中海油潮州能源有限公司的天然气计量表窃取天然气。由于被害单位中海油潮州能源有限公司无法确定被盗天然气的具体数量，被告人苏某及本案的证人也均无法确定本案被盗天然气的数量，“依思陶瓷厂”对此也无相应的记录，而且被害单位中海油潮州能源有限公司的充值记录仅能证实“依思陶瓷厂”于2012—2014年向中海油潮州能源有限公司预存购气款的金额，但该记录并非该厂实际使用天然气后结算的货款金额，因此，法院认为：对本案被盗天然气的数量，应依照《最高人民法院、最高人民检察院关于办理盗窃刑事案件适用法律若干问题的解释》第四条第（三）项的规定，根据“依思陶瓷厂”作案前6个月的月均正常用量减去每月实际用量后确定盗窃数额。最后，法院认定被告人盗窃天然气的金额为21453.89元，判处其有期徒刑一年二个月，并处罚金人民币5000元。①

实践中，盗窃燃气的同时，犯罪嫌疑人往往也有破坏燃气设备的行为，在这种情况下，属于刑法上的牵连犯，即指出于一个犯罪目的，实施数个犯罪行为，数个行为之间存在手段与目的或者原因与结果的牵连关系，分别触犯数个罪名的犯罪状态。《最高人民法院、最高人民检察院关于办理盗窃油气、破坏油气设备等刑事案件具体应用法律若干问题的解释》（法释〔2007〕3号）第四条规定“盗窃油气同时构成盗窃罪和破坏易燃易爆设备罪的，依照刑法处罚较重的规定定罪处罚”。所以，有的盗窃燃气案件最终被认定构成破坏易燃易爆设备罪。例如，被告人冯某破坏易燃易爆设备罪一案，公诉机关指控：被告人冯某、宁某夫妻二人于2012年2月开始在鞍山市经济开发区达道湾镇吴三台子村经营某浴池。2013年4月初，为谋取非法利益降低经营成本，冯某在某浴池附近，私自挖开鞍山市燃气某公司地下主管线，并找到被告人王某，采用钻眼后私接管线的手段，破坏正在使用的燃气管线设备，将鞍山市燃气某公司地下主管线内燃气通过软管接入某浴池锅炉，开始盗窃燃气。盗窃燃气期间，冯某伙同宁某在不具备任何安全防护措施的某浴池锅

① 参见中国裁判文书网，案号：（2015）潮安法刑初字第518号。

炉房内，每天使用简易阀门控制燃气，对浴池用水进行加热，每天使用盗窃燃气时间长达五六个小时，不仅使国有资产蒙受巨大损失，更对周边居民、企业、商业网点、燃气设施造成重大安全隐患。经鉴定，鞍山市燃气某公司被盗燃气价值人民币110483元。法院经审理认为：被告人冯某、王某在盗窃燃气的过程中，采用打孔等手段破坏正在使用的燃气设备，危害公共安全，尚未造成严重后果，其行为均已构成破坏易燃易爆设备罪；被告人宁某以非法占有为目的，伙同他人窃取燃气使用，其行为已构成盗窃罪。①

在量刑方面，如果认定构成盗窃罪，则“盗窃公私财物，数额较大或者多次盗窃的，处三年以下有期徒刑、拘役或者管制，并处或者单处罚金；数额巨大或者有其他严重情节的，处三年以上十年以下有期徒刑，并处罚金；数额特别巨大或者有其他特别严重情节的，处十年以上有期徒刑或者无期徒刑，并处罚金或者没收财产”；若构成破坏易燃易爆设备罪，则“尚未造成严重后果的，处三年以上十年以下有期徒刑”“造成严重后果的，处十年以上有期徒刑、无期徒刑或者死刑”。

盗窃油气犯罪除直接影响企业生产秩序，给油气企业造成巨大经济损失外，还极易引发环境破坏、人员伤亡等重大事故，影响经济发展、社会稳定以及国家能源安全供应。办理盗窃油气刑事案件的司法实践中，对盗窃油气行为性质认定、主从犯的区分、掩饰隐瞒行为性质的认定、直接经济损失范围等都存在不同认识。2018年9月28日，最高人民法院、最高人民检察院、公安部发布了《关于办理盗窃油气、破坏油气设备等刑事案件适用法律若干问题的意见》。该司法解释全文共七条，分别就危害公共安全的认定，盗窃油气未遂的刑事责任，关于共犯的认定，内外勾结盗窃油气行为的处理、窝藏、转移、收购、加工，代为销售被盗油气行为的处理，直接经济损失的认定，关于专门性问题的认定七个方面作出了明确规定。最高人民检察院法律政策研究室、最高人民法院研究室还分别出台了关于该司法解释的理解与适用。

① 参见中国裁判文书网，案号：(2014) 西刑初字第211号。

四、盗气的防范与处置

燃气企业要立足于防范，认真排查，加强重点用户的监控。对盗气案件多发的行业，如洗浴、餐饮、酒店等用气大户要重点监控，建立气量变化研判制度，尤其要根据此类用户行业特点、季节时段、经营规模等情况规划合理用量范围，一旦出现异常立即查明原因。对拒绝入户检查的用户和有过前科的用户要建立黑名单制度，加强日常监管，不定期对其用气设施开展巡查，确保安全供气、合规用气。

在入户检查时，燃气企业可重点检查以下内容：

1. 用计量仪表、用气设备信息

（1）型号、编号是否与档案一致，是否为登记仪表设备；

（2）表基数与抄表记录的核对，表基数与购气记录、剩余气量的核对；

（3）仪表是否与用户用气设备相匹配；

（4）检定证、合格证是否完整，检定证、合格证编号是否对应；

（5）工商业流量仪表是否超出周检期限。

2. 仪表设施外观检查

（1）仪表外观是否锈蚀、变形或被攻击，铅封、封缄、表门是否被破坏；

（2）工商业流量计液晶显示是否正常，加油装置是否破损，电池是否欠压；

（3）工商业数据远传采集装置的远传接线盒、电缆线、天线、电源、防爆挠性管件等安装、连接是否正常；

（4）防护表箱是否锈蚀、变形、破损或被损坏。

3. 流量仪表动态检查

（1）瞬时流量（使用秒表计时 1 分钟，记录计时前后仪表读数，然后换算为小时耗气量即为用气设备的瞬时流量）与用气设备的额定小时流量一致或接近为正常，如偏差过大，则可推定为表具异常。

（2）运行工作状态检查：通气状态下，计数装置运行是否正常（累加），运行时有无异常响动，压力、温度显示是否正常；动态检查后如认为异常，应现场拆表检查，进一步检查仪表内部是否被破坏，如出气口打孔、割齿、旋转部分插入异物等，现场无法判定的，则封存送检。

4. 排查调压器出口到流量仪表之间的燃气管道有无私接管道绕表用气

对发现的偷盗气行为（包括疑似行为）须立即使用随身携带的摄像器材（或手机）拍照并录下视频音频证据：

（1）在条件具备的情况下，取证设备应提前开启，到达前提前记录。

（2）到达后，应拍摄现场全景。应把反映现场特征的景象包括在内，如用户的门牌号码、店面招牌、房间结构等。

（3）对窃气位置进行拍摄，拍摄全景和局部特写，能看清燃气表的读数、编号、型号、表封等细节；燃气表具、远传采集装置及防护表箱等被破坏情况；无表用气、绕表用气的连接方式；使用磁铁等干扰性物体置放在仪表的位置。

（4）摄像内容还应包括用户，一人摄像的同时，另一人可以手机录音。

（5）摄像、录音应连贯进行，确保过程不中断；拍摄的全部材料在案件未结前切勿删除，切勿剪切移动到其他设备，可以复制备份。

取证完毕后，立即向 110 或辖区派出所报案。报警可以参考如下内容：我是燃气公司员工×××，我司于（时间、地点）进行安全检查过程中发现××的问题，此问题涉及盗窃罪、破坏易燃易爆设备罪，请求贵局立即出警。除向公安机关报警外，平时和住建部门、综合执法部门建立联动机制的，还可以向住建部门、综合执法部门报案。在等待警方出警的时间，可以同时联系居委会/村委会、社区工作站人员，若小区有物业公司的则可以联系物业保安，在第三方见证下再次拍照、摄像，将第三方人员纳入拍照摄像范围。并争取让第三方人员在现场书面记录上签字。

第七章　燃气行业相关行政许可

燃气行业作为市政公用事业，事关民生，关系到千家万户的安全和平稳供气。《中华人民共和国行政许可法》实施前后，国家在燃气经营、运输、充装、燃气具安装、价格等方面，都设定了相关的行政许可。

一、燃气经营许可

（一）设定许可的历史变化

1997 年 12 月 23 日，建设部令第 62 号发布了《城市燃气管理办法》（目前已失效），该办法第十七条规定："燃气供应企业，必须经资质审查合格并经工商行政管理机关登记注册，方可从事经营活动。资质审查办法按《城市燃气和供热企业资质管理规定》执行。"

在原有工商注册体制下，燃气企业办理经营证照陷入了鸡生蛋还是蛋生鸡的循环，办理营业执照时工商部门要求申请人提供城市燃气企业资质证书或燃气经营许可证，而办理城市燃气企业资质证书或燃气经营许可证的时候，燃气主管部门却要求申请人提供营业执照。继而在实践中出现两种方式：一是申请营业执照时经营范围不涉及燃气销售、燃气建设等，公司名称也尽量不带"燃气"两个字；二是领取的营业执照中注明建设期、筹建期等字样。

《建设部办公厅关于对国务院取消行政审批项目中涉及建设部项目有关问题的复函》（建办法函〔2003〕357 号）中指出：国发〔2002〕24 号文取消第一批行政审批项目第 300 项"取消燃气企业资质审批"。但对城市燃气企业市场准入的管理，我部在上报国务院的意见中保留了"燃气企业工商登记前燃气主管部门前置审查”项目。各地建设行政主管部门要继续加强对燃气企业工商登记的前置性审查工作，并依据《建设部关于加快市政公用行业市场化进程的意见》（建城〔2002〕272 号）的规定，对从事管道燃气服务的企业，逐步实施特许经营制度，将燃气企业的管理工作纳入特许经营的范围。

2004 年 9 月 29 日，经建设部第 45 次常务会议讨论通过了《建设部关于纳入国务院决定的十五项行政许可的条件的规定》，该规定自 2004 年 12 月 1 日起施行，规定施行前建设部规章和规范性文件有关该 15 项行政许可条件的规定与规定内容不一致的，适用该规定。涉及燃气企业的有两项，一是燃气设施改动审批条件，二是城市新建燃气企业审批条件。

2010 年 10 月 19 日，《城镇燃气管理条例》由国务院第 129 次常务会议通过（国务院令第 583 号公布），自 2011 年 3 月 1 日起实施。条例第十五条规定：国家对燃气经营实行许可证制度。

（二）核发燃气经营许可的条件

根据《城镇燃气管理条例》，从事燃气经营活动的企业，应当具备下列条件：

（1）符合燃气发展规划要求；

（2）有符合国家标准的燃气气源和燃气设施；

（3）企业的主要负责人、安全生产管理人员以及运行、维护和抢修人员经专业培训并考核合格；

（4）法律、法规规定的其他条件。

《城镇燃气管理条例》公布后，住建部及不少地方陆续出台或修改了燃气经营许可方面的部门规章、地方法规、地方规章，对实施燃气经营许可进一步作出具体规定。例如，住建部《燃气经营许可管理办法》规定，申请燃气经营许可的，应当具备下列条件：

1. 符合燃气发展规划要求

燃气经营区域、燃气种类、供应方式和规模、燃气设施布局和建设时序等符合依法批准并备案的燃气发展规划。

2. 有符合国家标准的燃气气源

（1）应与气源生产供应企业签订供用气合同或供用气意向书。

（2）燃气气源应符合国家城镇燃气气质有关标准。

3. 有符合国家标准的燃气设施

（1）有符合国家标准的燃气生产、储气、输配、供应、计量、安全等设施设备。

（2）燃气设施工程建设符合法定程序，竣工验收合格并依法备案。

4. 有固定的经营场所

有固定办公场所、经营和服务站点等。

5. 有完善的安全管理制度和健全的经营方案

安全管理制度主要包括：安全生产责任制度，设施设备（含用户设施）安全巡检、检测制度，燃气质量检测制度，岗位操作规程，燃气突发事件应急预案，燃气安全宣传制度等。

经营方案主要包括：企业章程、发展规划、工程建设计划，用户发展业务流程、故障报修、投诉处置、安全用气等服务制度。

6. 企业的主要负责人、安全生产管理人员以及运行、维护和抢修人员经专业培训并经燃气管理部门考核合格，专业培训考核具体办法另行制定

经专业培训并考核合格的人员及数量，应与企业经营规模相适应，最低人数应符合以下要求：

（1）企业主要负责人。是指企业法人代表（董事长）、企业总经理（总裁），每个岗位1人。

（2）安全生产管理人员。是指企业负责安全运行的副总经理（副总裁），企业生产、安全管理部门负责人，企业生产和销售分支机构的负责人以及企业专职安全员，每个岗位不少于1人。

（3）运行、维护和抢修人员。是指负责燃气设施设备运行、维护和事故抢险抢修的操作人员，包括但不仅限于燃气输配场站工、液化石油气库站工、压缩天然气场站工、液化天然气储运工、汽车加气站操作工、燃气管网工、燃气用户检修工。最低人数应满足：

管道燃气经营企业，燃气用户10万户以下的，每2500户不少于1人；10万户以上的，每增加2500户增加1人。

瓶装燃气经营企业，燃气用户1000户及以下的不少于3人；1000户以上

不到1万户的，每800户1人；1万—5万户，每增加1万户增加10人；5万—10万户，每增加1万户增加8人；10万户以上每增加1万户增加5人。

燃气汽车加气站等其他类型燃气经营企业人员及数量配备以及其他运行、维护和抢修类人员，由省级人民政府燃气管理部门根据具体情况确定。

7. 法律、法规规定的其他条件

（三）违反燃气经营许可的法律责任

未取得燃气经营许可，擅自从事燃气经营活动的，依法应承担相应的民事、行政、刑事责任。

1. 民事责任

供气方在未取得燃气经营许可证的情况下向用气方销售供应燃气的，属于违反法律、行政法规强制性规定的行为，存在供用气合同被认定无效的风险。

在福建省茂兴建材发展有限公司因与福建某能源有限公司供用气合同纠纷一案中，法院认为：根据国务院《城镇燃气管理条例》第十五条、住房和城乡建设部《燃气经营许可管理办法》第二条的规定，我国对燃气经营实行许可证制度，从事燃气经营活动的，应当依法取得燃气经营许可，并在许可事项规定的范围内经营。现能源公司在未取得泉州市或南安市燃气经营许可证的情况下，与茂兴公司签订本案合同，为茂兴公司供应天然气，系属非法经营。根据《最高人民法院关于适用〈中华人民共和国合同法〉若干问题的解释（一）》第十条的规定，本案合同依法应确认为无效。又根据《中华人民共和国合同法》第五十八条的规定，合同被确认无效后，因该合同取得的财产应当予以返还，不能返还的，应折价补偿。因茂兴公司已实际使用能源公司提供的天然气，天然气已无法返还，故应折价补偿能源公司气款，茂兴公司主张其不应支付气款，缺乏依据，本院不予处理。①

2. 行政责任

根据《城镇燃气管理条例》第四十五条的规定，违反本条例规定，未取得燃气经营许可证从事燃气经营活动的，由燃气管理部门责令停止违法行为，

---

① 参见中国裁判文书网，案号：(2018) 闽05民终30号。

处5万元以上50万元以下罚款；有违法所得的，没收违法所得。

3. 刑事责任

未取得燃气经营许可证从事燃气经营，除民事责任、行政责任外，还可能触犯刑法，需要承担刑事责任。根据《中华人民共和国刑法》第二百二十五条规定，非法经营罪，是指违反国家规定，有下列非法经营行为之一的犯罪：（1）未经许可经营法律、行政法规规定的专营、专卖物品或其他限制买卖的物品的；（2）买卖进出口许可证、进出口原产地证明以及其他法律、行政法规规定的经营许可证或者批准文件；（3）未经国家有关主管部门批准，非法经营证券、期货或者保险业务的，或者非法从事资金结算业务的；（4）从事其他非法经营活动，扰乱市场秩序，情节严重的行为。

在楚某伟、黄某元犯非法经营罪一案中，法院认为：上诉人楚某伟、原审被告人黄某元无视国家法律，未取得燃气经营许可，非法经营燃气业务，扰乱市场秩序，情节严重，其行为已构成非法经营罪。在共同犯罪中，楚某伟先是雇请黄某元，其后送煤气的违法所得由黄某元自行处置，其仍为黄某元提供储存煤气的场所，雇佣关系和经营状况并未终止。楚某伟自始至终均起主要作用，系主犯；黄某元虽然受楚某伟安排负责煤气业务，但其不仅运送煤气，还自行联系客户，扩大业务范围，所起作用积极、主动，是主犯，二人依法应当对其所参与的全部犯罪承担责任。①

二、LNG票据式经营的行政许可问题

绝大多数商品的经营，一般由交易主体双方遵循自愿平等、协商一致的原则，自由开展即可，并不涉及政府管制问题。而个别特殊商品，除交易双方达成合意外，还需取得行政许可方可买卖，LNG（液化天然气）即其中之一。如果市场主体忽视LNG经营所涉行政许可问题，无论是买方，还是卖方，都将面临行政处罚、违约赔偿等法律风险。

在原告沅陵燃气公司诉被告省燃气公司买卖合同纠纷一案中，沅陵燃气

① 参见中国裁判文书网，案号：（2012）深中法刑二终字第749号。

公司因向省燃气公司采购液化天然气被市工商局认为涉嫌“向未经许可从事危险化学品经营活动的企业采购危险化学品”，省燃气公司向沅陵燃气公司解释：自己公司没有办理危险化学品经营许可证和燃气经营许可证，其公司开展液化天然气贸易活动系中间贸易，不涉及储存、运输，不面向终端客户，无须办理经营许可证。但是，市工商局经审查认为：省燃气公司销售液化天然气的行为，应适用《危险化学品安全管理条例》第三十三条、第三十七条规定，需要取得经营许可证才可经营，并认定沅陵燃气公司向未经许可从事危险化学品经营活动的企业采购危险化学品，对其处以 15 万元罚款。2017 年 2 月，沅陵燃气公司将省燃气公司诉至法院，要求省燃气公司赔偿其因行政处罚而支付的罚款、差旅费等合计 18 万元。经一审、二审法院审理，法院支持了沅陵燃气公司其中 15 万元的赔偿诉求。

结合上述案例，现从以下方面对 LNG 经营有关行政许可问题进行分析：

1. LNG 属于危险化学品

危险化学品，是指具有毒害、腐蚀、爆炸、燃烧、助燃等性质，对人体、设施、环境具有危害的剧毒化学品和其他化学品。根据国务院安全生产监督管理部门会同国务院工业和信息化、公安、环境保护、卫生、质量监督检验检疫、交通运输、铁路、民用航空、农业主管部门，根据化学品危险特性的鉴别和分类标准确定、公布的《危险化学品目录》，天然气属于危险化学品。因此，有关天然气的经营应符合《危险化学品安全管理条例》的规定。

2. LNG 票据式经营的特点

票据式经营是指无储存场所和设施，经营场所不储存任何危险化学品实物，经营方式为票据贸易往来从事批发业务，不直接面对终端用户，也称作“无仓储批发经营”。正如在前述买卖合同纠纷案例中，省燃气公司自称为“中间贸易商”，也比较形象。贸易商往往掌握气源渠道，从 LNG 液化厂等上游企业采购液化天然气，后委托危运公司运输直接交货至客户（一般为燃气公司）。

3. LNG 票据式经营需办理危化品经营许可

根据《危险化学品安全管理条例》第三十三条的规定，国家对危险化学品经营（包括仓储经营，下同）实行许可制度。未经许可，任何单位和个人不得经营危险化学品。依法设立的危险化学品生产企业在其厂区范围内销售本企业生产的危险化学品，不需要取得危险化学品经营许可。依照《中华人民共和国港口法》的规定取得港口经营许可证的港口经营人，在港区内从事危险化学品仓储经营，不需要取得危险化学品经营许可。可见，即便没有仓储行为的LNG票据式经营，同样需要取得危险化学品经营许可，并未被该条例排除在外。

尽管票据式经营单位自身不储存、运输危化品，但其安全风险同样不容忽视。近年来，一些票据式经营企业领取许可证后随意变更办公场所、经营范围和主要负责人、安全管理人员，降低安全条件，有的将危险化学品批发给无经营资质人员，有的甚至长期从事异地经营和非法仓储活动，给监管工作带来难度。不少地方的监管部门相继就票据式经营企业的监管出台了有关文件，如陕西西咸新区安监局要求各新城安监局“要严格按照《危险化学品经营许可证管理办法》及新区安监局《关于印发安全生产行政审批工作暂行办法的通知》的要求，严格实施危险化学品无仓储批发经营企业的行政许可工作”。

4. LNG票据式经营无须办理燃气经营许可证

燃气经营许可是《城镇燃气管理条例》设定的行政许可，因此，LNG票据式经营是否需要办理燃气经营许可，也需要结合《城镇燃气管理条例》来分析。除曾有燃气行业法律人士指出LNG的液态与城镇燃气所界定的“气体燃料”并不相同外，LNG票据式经营还有如下不同之处：不存在燃气储配站、门站、气化站、混气站、加气站、灌装站、供应站、调压站、市政燃气管网等燃气设施，不直接向用户供气（兼顾点供业务的情形除外），不承担普遍服务的义务，不实行政府定价。

即便属于气态的天然气，《广州市燃气管理办法》也明确规定：从事燃气经营活动的，应当依法取得燃气经营许可证，但不涉及燃气储存、运输且不为终端用户供气的贸易行为除外。

综上，虽然LNG也是天然气的一种，但其票据式经营并不需要办理燃气经营许可证，依法办理危化品经营许可证即可。

5. 未取得许可从事 LNG 票据式经营的法律责任

未取得危险化学品许可证从事 LNG 票据式经营的，除要承担行政责任、民事责任外，还可能涉及刑事责任。

在行政责任方面，根据《危险化学品安全管理条例》的规定：违反本条例规定，未取得危险化学品经营许可证从事危险化学品经营的，由安监部门责令停止经营活动，没收违法经营的危险化学品以及违法所得，并处 10 万元以上 20 万元以下的罚款。可见，未取得许可从事 LNG 票据式经营的卖方企业无疑需应予处罚。买方是否应予处罚则需要视买方企业类型而定，根据《危险化学品安全管理条例》第八十三条规定：危险化学品经营企业向未经许可违法从事危险化学品生产、经营活动的企业采购危险化学品的，由工商行政部门责令改正，处 10 万元以上 20 万元以下的罚款；拒不改正的，责令停业整顿直至由原发证机关吊销其危险化学品经营许可证，并由工商行政部门责令其办理经营范围变更登记或者吊销其营业执照。再回顾一下前述买卖合同纠纷案，沅陵燃气公司并非危化品经营企业，笔者认为市工商局适用该条予以处罚，法律依据不足。

在民事责任方面，前述买卖合同纠纷案中，省燃气公司被判令赔偿沅陵燃气公司经济损失便是一个典型的例子。

在刑事责任方面，未取得危化品经营许可从事 LNG 经营的，与包括未取得燃气经营许可等在内的情形一样，还可能涉及承担刑事责任。

三、气瓶充装许可

管道燃气企业的加气站、瓶装燃气企业都涉及气瓶充装，该气瓶是指：盛装公称工作压力大于或者等于 0.2MPa（表压），且压力与容积的乘积大于或者等于 1.0MPa · L 的气体、液化气体和标准沸点等于或者低于 60℃液体的气瓶。根据《特种设备安全监察条例》第二十二条第一款规定：移动式压力容器、气瓶充装单位应当经省、自治区、直辖市的特种设备安全监督管理部门许可，方可从事充装活动。

四、燃气燃烧器具安装维修许可

根据《城镇燃气管理条例》，燃气燃烧器具，是指以燃气为燃料的燃烧器具，包括居民家庭和商业用户所使用的燃气灶、热水器、沸水器、采暖器、空调器等器具。该条例要求“燃气燃烧器具生产单位、销售单位应当设立或者委托设立售后服务站点，配备经考核合格的燃气燃烧器具安装、维修人员，负责售后的安装、维修服务”。

在2000年3月1日至2007年10月31日，燃气燃烧器具安装维修企业的资质是单列的，由主管部门核发《燃气燃烧器具安装维修企业资质证书》。2007年《关于燃气燃烧器具安装、维修企业资质管理有关事项的通知》（建城〔2007〕250号）将燃气燃烧器具安装、维修企业资质纳入建筑业企业资质管理，由企业工商注册所在地设区的市人民政府住房城乡建设主管部门许可。

五、燃气设施改动审批

《城镇燃气管理条例》第三十八条规定：燃气经营者改动市政燃气设施，应当制定改动方案，报县级以上地方人民政府燃气管理部门批准。改动方案应当符合燃气发展规划，明确安全施工要求，有安全防护和保障正常用气的措施。

六、危险货物道路运输许可

根据《危险货物品名表》（GB12268－2012），液化石油气、甲烷含量高的压缩天然气、甲烷含量高的冷冻液态天然气均属于危险货物范围。《城镇燃气管理条例》第二十四条规定，通过道路、水路、铁路运输燃气的，应当遵守法律、行政法规有关危险货物运输安全的规定以及国务院交通运输部门、国务院铁路部门的有关规定；通过道路或者水路运输燃气的，还应当分别依照有关道路运输、水路运输的法律、行政法规的规定，取得危险货物道路运输许可或者危险货物水路运输许可。

《中华人民共和国道路运输条例》第二十三条规定，申请从事危险货物运输经营的条件之一是：有5辆以上经检测合格的危险货物运输专用车辆、设备。一般的燃气企业自身业务量并未达到需要配备5辆专用车辆、设备的规模，考虑到实际需要，大多数企业都是把自身车辆挂靠在其他专门从事危险货物运输的专业公司，向被挂靠公司缴纳一定的管理费用。

在挂靠车辆的情况下，因挂靠引起纠纷诉诸法院后，挂靠协议的法律效力问题往往成为双方争议的焦点，法院的判决结果也各有不同。上诉人平凉市金龙有限责任公司因与被上诉人陈某、平凉天泰工贸集团有限公司挂靠经营合同纠纷一案中，二审法院认为：关于本案挂靠合同效力问题，本案争议的油罐车系危险货物运输车辆，根据《国务院关于加强道路交通安全工作的意见》第二条第（三）项规定，严禁危险品运输车辆挂靠经营。所以，金龙公司与陈某之间的车辆挂靠合同违反行政法规的强制性规定，依据《中华人民共和国合同法》第五十二条规定，口头挂靠合同无效。一审法院按照有效合同进行处理，适用法律错误，本院予以纠正。①

更多的案例显示法院认为挂靠协议不违反法律、行政法规的强制性规定，合法有效。例如，在东营市兆成运输有限责任公司与李某某挂靠经营合同纠纷一案中，法院认为：被告抗辩涉案合同违反了《中华人民共和国行政许可法》《道路危险货物运输管理规定》《危险化学品安全管理条例》《关于加强道路交通安全工作的意见》，属于无效合同，根据法律规定，违反法律、法规的强制性规范的合同无效，导致合同无效所违反的强制性规范是指合同违反了效力性强制性规定，《中华人民共和国行政许可法》《道路危险货物运输管理规定》《危险化学品安全管理条例》皆不属效力性强制性规范，《关于加强道路交通安全工作的意见》亦不属于法律、行政法规，故被告的上述抗辩，本院依法不予采纳。② 在再审申请人贵州福斯达爆破工程有限公司因与被申请

① 参见中国裁判文书网，案号：（2018）甘08民终875号。

② 参见中国裁判文书网，案号：（2018）鲁0502民初2987号。

人龙里威龙危货物品运输有限公司挂靠经营合同纠纷一案中，法院认为：福斯达爆破公司主张协议违反了《国务院关于加强道路交通安全工作的意见》及《道路危险货物运输管理规定》的规定，应属无效协议，但依据《中华人民共和国合同法》第五十二条第五款："有下列情形之一的，合同无效：……（五）违反法律、行政法规的强制性规定"以及《最高人民法院关于适用〈中华人民共和国合同法〉若干问题的解释（二）》第十四条"合同法第五十二条第（五）项规定的'强制性规定'的规定，是指效力性强制性规定"之规定，合同无效的前提须是违反了法律、行政法规规定的效力性强制性规定，而国务院颁布的《关于加强道路交通安全工作的意见》和交通部颁布的《道路危险货物运输管理规定》并非法律和行政法规，故上述规范性文件的内容不能约束本案所涉协议的效力。因此，福斯达爆破公司主张合同无效的理由没有法律依据。①

七、价格行政许可

根据《中华人民共和国价格法》，大多数商品和服务价格实行市场调节价，极少数商品和服务价格实行政府指导价或者政府定价。鉴于燃气行业关系民生的特点，不少商品、服务价格都是政府定价或政府指导价。价格的确定方式并非千篇一律，即便是同一种商品，不同地方政府都可能实行不同的价格方式；同样实行政府定价，定价的具体数额也各有不同。

（一）销售价格

1. 管道燃气：实行政府定价。

2. 车用燃气：逐步由政府定价调整为市场调节价。比如，2017 年 12 月 28 日，黑龙江省物价监督管理局下发了《关于暂缓放开我省车用气销售价格的通知》（黑价明传〔2017〕10 号）。2018 年 2 月起施行的《湖南省定价目录》（湘发改价调〔2017〕1237 号）中，取消了"车用气销售价格"一栏，这也意味着，车用气销售价格不再由省价格主管部门定价。根据《江西省发

① 参见中国裁判文书网，案号：（2015）黔高民申字第 1690 号。

展改革委关于印发〈江西省定价目录〉的通知》（赣发改价调〔2018〕310号）规定，自2018年4月1日起，放开车用天然气销售价格，实行市场调节价。根据《山东省物价局关于公布〈山东省定价目录〉的通知》（鲁价综发〔2018〕54号）及省物价局关于服务促进新旧动能转换的工作部署，车用天然气销售价格不再纳入政府定价目录，其价格由政府定价变更为市场调节价。根据《甘肃省定价目录》（甘发改规范〔2018〕1号），自2018年5月1日起，加气站购进、销售车用天然气价格及新建住宅燃气工程安装费标准不再实行政府定价。通知要求，各燃气销售单位、燃气工程安装单位、车用天然气加气站在经营过程中应做好明码标价及解释工作。

车用燃气定价的放开，并不意味着燃气企业在价格方面就可以不受任何监管。2018年11月，据媒体报道，银川市燃气行业协会因组织银川10多家燃气销售企业召开会议约定车用天然气价格统一涨价且不得随意涨价或降价，被银川市物价局认定违反《中华人民共和国价格法》和相关条例等规定，属于串通涨价扰乱市场正常秩序的严重违法行为，被处以行政罚款10万元，并责令其限期改正。参与串通涨价行为的10多家燃气企业也面临银川市物价局调查。

有的地方仍实行政府定价。例如，2019年4月28日，重庆日报报道：根据国家天然气行业增值税税率调整情况和国家发改委有关要求，经市政府同意，我市对主城区天然气价格作出调整。其中，居民用天然气各阶梯价格均降低0.01元/立方米，降低后一、二、三阶梯价格分别为1.97元/立方米、2.14元/立方米、2.49元/立方米；经城市燃气企业转供的非居民用气（含工业用气、CNG原料气、商业用气、集体用气）最高销售价格由2.33元/立方米调整为2.32元/立方米；车用CNG最高销售价格由3.45元/立方米调整为3.43元/立方米（按质量计算，由5.07元/kg调整为5.04元/kg）。

3. LNG价格实行市场调节价。2017年9月，西安物价局下发文件，依据《陕西省定价目录》（陕价综发〔2015〕102号）规定，未列入《陕西省定价目录》的商品和服务价格由经营者遵循公平、合法、诚实信用的原则自主制定。对管道燃气暂未接入的区域，通过点供式CNG或LNG站（不含车用天然气加气站），以瓶组或储气罐等方式供气的天然气销售价格，实行市场调节价，由燃气企业根据市场情况，遵循公平、合法、诚实信用原则，合理制定点供式天然气销售价格。

4. 瓶装液化气：国内大部分地方都已经放开，实行市场调节价。

（二）运输价格

无论是长输管线，还是省内短途输送管线，均实行政府定价。

（三）工程安装费

有的地方实行政府定价，有的地方实行市场调节价。

2019年6月27日，《国家发改委、市场监督管理总局、住建部关于规范城镇燃气工程安装收费的指导意见》（发改价格〔2019〕1131号）对于燃气行业影响巨大。指导意见明确了城镇燃气工程安装费定义及内涵：城镇燃气工程安装费是指为保障用户通气，相关企业提供建筑区划红线内燃气工程勘察、设计、施工、监理、验收等服务而收取的与工程建设相关的服务费和材料费等费用。燃气工程安装收费范围仅限于建筑区划红线内产权属于用户的资产，不得向红线外延伸。

指导意见针对实行政府定价、市场调节价两种价格的地方提出了不同要求。对于燃气工程安装竞争性市场体系尚未建立、收费标准纳入政府定价目录进行管理的地方，要求当地价格主管部门要建立健全监管机制，加强成本调查监审，对标行业先进水平，兼顾周边地区水平，合理确定收费标准，原则上成本利润率不得超过10%，现行收费标准偏高的要及时降低。对于城镇燃气工程安装收费标准由市场形成的地方，要求工程安装企业应当遵循公平合法、诚实信用的原则，合理确定收费标准，不得有价格欺诈、价格串通、牟取暴利等不正当价格行为。

第八章　燃气行业反垄断法律风险

“沉睡多年”的《中华人民共和国反垄断法》近几年终于“苏醒”过来，不少垄断行政处罚案例陆续见诸报端，其中不乏处罚金额达数亿元的案例。据统计，反垄断执法方面，截至2018年10月底，反垄断执法机构共查处滚装货物国际海运企业案、山西电力案等垄断协议案件165件，高通案、利乐案等滥用市场支配地位案件55件，累计罚款金额超过110亿元人民币。审结经营者集中2437件，审结交易总金额超过40万亿元人民币，依法禁止可口可乐收购汇源、马士基等设立网络中心两案，附条件批准微软收购诺基亚、陶氏化学和杜邦合并等37件经营者集中案件，维护了相关市场的公平竞争。

2016年4月7日，国家工商行政管理总局发布了《关于公用企业限制竞争和垄断行为突出问题的公告》（工商竞争字〔2016〕54号），剑指包括燃气企业在内的公用企业，随后陆续有多家燃气企业被处罚。

一、燃气企业垄断地位的形成

燃气企业的垄断地位，一则可以从自然垄断的角度进行阐释，二则可以从特许经营权的角度进行阐释。

从自然垄断角度来看，燃气企业和自来水、集中供热、供电网络等公用企业类似，由于自然条件、技术条件以及规模经济的要求而无法形成竞争或不适宜竞争，从而形成垄断经营。这些行业不同于其他经济部门的特点是：

第一，通过网络或者其他基础设施向社会提供产品或服务，需要巨额的初始固定资本投入，属于典型的资本密集型产业。

第二，产品往往具有不可储存性。往往缺少一般商品所能提供的缓冲余地，只能通过扩大建设规模来保证随时能够满足市场的需求。

第三，物品和市场的必需性。企业负有承担普遍服务的义务。

第四，沉没成本大，资产专用性强。巨大的沉没成本构成了公用企业行业的市场进出壁[1]。

从特许经营权角度来看，公用企业的经营除行政许可外，政府部门往往在准入之前赋予投资者特许经营权，签订特许经营协议，约定双方的权利义务，从法律层面明确投资者在一定期限、一定区域的独家经营地位，从而形成垄断。

谈及垄断地位的燃气企业，一般而言均是指管道燃气企业。瓶装燃气企业因其不具有物理上的网络，也不存在特许经营权，因而在判断是否具有垄断地位（市场支配地位）时，和其他非公用企业一样，需结合市场占有率、可替代性等多种因素来考量。

需要提醒的是，“谁垄断就反谁”是一种对反垄断法的武断解读。反垄断法反的不是垄断本身，而是滥用垄断，借助垄断地位限制、排除竞争的行为。燃气企业本身基于物理网络、特许经营权形成的自然垄断、法定垄断，并不是反垄断法规制的对象，反垄断是要规制燃气企业滥用市场支配地位，捆绑、搭售商品或服务、强制指定供应商等行为。

二、燃气企业垄断行为主要类型

就管道燃气企业而言，基于独家经营的特点，往往很少发生“垄断协议”的情形，多数是涉嫌“滥用市场支配地位”。

工商竞争字〔2016〕54 号公告对燃气企业等公用企业常见的限制竞争行为进行了列举，包括：

1. 强制或变相强制申请办理水、电、气入户的经营者或消费者购买其提供的入户设备和材料，如以产品质量不合格或不了解安装技术等借口，对用

[1] 姚保松：《公用企业反垄断法律规制研究》，法律出版社2014 年版，第 19－24 页。

户自行提供的合格设备和材料，不提供或拖延提供水、电、气服务等。

2. 强制或变相强制用户接受其指定经营者提供的服务，如：以打包收取服务费、安装费等名义，强制用户接受本应由公用企业提供的水表委托检定、指定施工单位的设计、安装工程等服务。

3. 强制或变相强制向用户收取最低用水（电、气）费用、强行向用户收取"用水（电、气）押金""保证金"或者强行指定、收取"预付水（电、气）费"的最低限额。

4. 强制或变相强制用户购买保险（如财产损失险、人身意外伤害等）或其他不必要的商品。

5. 水电气企业及其下属单位或被指定的经营者的滥收费用行为，如对新建住宅楼住户强制收取入户费（电力管网建设费用），否则不予办理电卡、提供用电服务；向用户强制收取气瓶检测费、气瓶清洁费，否则不予供气等。

2017年1月11日，国家工商行政管理总局又再次公布了典型的公用企业限制竞争行为的类型：限定用户购买指定的施工单位提供的产权分界处以内的设施安装服务；强制用户购买公用企业提供的安装材料或计量器具；限定施工单位只能向公用企业指定（备案）的设备供应企业购买供水材料、设备，否则对施工工程不予验收和供水；强制用户接受不必要的计量设施、报警装置等；强制收取用户缴纳本应由公用企业负担的主管道材料费、换表费、检定费、线损费、测试费及农村电网改造施工工程人工费及其他国家命令取消的用电保证金、接电费等涉农收费；强制收取用户保证金、预付费、最低用水费、制定超高的违约金、滞纳金标准；强制收取设备恢复拆装费、拆复费、培训费、IC卡费等；有的公用企业产权意识模糊，在提供公用产品时，要求用户将产权分界以内自己出资的建设相关设施无偿转让。

三、燃气企业垄断行为案例分析

（一）管道燃气企业垄断案例分析

近几年，管道燃气行业影响较大的垄断案例包括青岛某燃气公司行政处罚案（鲁工商公处字〔2016〕第24号，以下简称青岛案）以及宿迁某燃气公司行政处罚案（苏工商案字〔2016〕第00048号，以下简称宿迁案）。以下分析主要围绕此两案展开。

青岛案基本情况：2014年7月，青岛市工商局向山东省工商行政管理局上报案源线索，称多次接到消费者投诉，某燃气公司在经营中存在限制用户燃气使用量等涉嫌垄断行为。经核查，山东省工商行政管理局认为燃气公司涉嫌滥用市场支配地位实施附加不合理交易条件的垄断行为。2014年9月2日，山东省工商行政管理局根据《中华人民共和国反垄断法》《工商行政管理机关查处垄断协议、滥用市场支配地位案件程序规定》，将核查情况上报国家工商行政管理总局。2014年9月24日，国家工商行政管理总局授权山东省工商行政管理局启动反垄断调查。2014年9月29日，经山东省工商行政管理局负责人批准正式立案。

宿迁案基本情况：2015年2月，江苏省工商行政管理局接江苏省宿迁市市区部分房地产开发企业举报，反映某燃气公司在新建居民小区开发过程中利用其独家供气的垄断地位，限定房地产开发企业所开发楼盘的天然气管道安装工程必须由其承接安装。2015年6月8日，经国家工商行政管理总局授权，江苏省工商行政管理局对某燃气公司涉嫌垄断行为予以立案调查。

两案虽然一个涉及预付气费、一个涉及燃气安装工程，但是基于管道燃气企业的诸多共性特点，在如下方面基本相同：

1. 在相关商品市场界定方面，办案机关均把灌装燃气与管道燃气进行了对比，认为管道燃气在使用过程中更为安全、便捷，气源更加稳定，把相关市场中的商品范围界定为管道燃气供应服务。

2. 在相关地域市场界定方面，办案机关均以涉案企业所签订特许经营协议为依据，把特许经营地域范围界定为相关地域市场。

3. 在当事人市场支配地位的认定方面，基于燃气企业特许经营的特点，两案均以特许经营协议为核心展开分析，认定涉案企业在相关市场具有市场支配地位。例如，宿迁案中，办案机关认为：根据《市政公用事业特许经营管理办法》，原宿迁市建设局经宿迁市人民政府授权与当事人签订了《宿迁市城市管道燃气特许经营协议》，协议明确规定当事人在宿迁市城区范围内独家经营天然气管道储运、销售、天然气利用、技术开发、城市天然气管网及配套设施建设、运销。当事人在特许经营区域内获得独家提供管道燃气的垄断地位，占据了宿迁市城区范围内城市管道燃气供应服务的全部份额。当事人公用企业的性质及其唯一经营者的地位，使得其具有控制特许经营区域管道燃气供应与否、如何供应及其他相关交易条件的能力。管道燃气作为一种高效的清洁能源，客观上具有不可替代性、公益性的特点。因此，在本案相关地域市场内，管道燃气用户等其他经营者对当事人在城市管道燃气供应服务上具有很强的依赖性。同时，《城镇燃气管理条例》《江苏省燃气管理条例》等行政法规和地方性法规，对经营城市管道燃气供气有着严格的主体资格要求，城市管道燃气供应管网及其附属设施投资大、难度高、成本收回周期长的特点，以及天然气资源的有限性、供气安全的严肃性，决定了其他经营者进入宿迁市城区提供管道燃气供应服务的难度极大。因此，依据《中华人民共和国反垄断法》第十八条第一款第（一）项、第（二）项、第（四）项、第（五）项的规定，可以认定当事人在宿迁市城区管道燃气供应服务市场中具有市场支配地位。

在青岛案中，当事人对其附加不合理交易条件向工商业户收取“预付气费款”的行为提出如下申辩：一是上游气源企业向当事人收取气费预付款，造成当事人资金周转压力大；二是当事人为规避风险，避免工商业户恶意拖欠气费；三是当事人收取“预付气费款”经过与工商业户协商并同意。但是，当事人的申辩并未被办案机关采纳，办案机关认为当事人向工商业户收取“预付气费款”的行为无正当理由：

1. 当事人不能以上游气源企业收费为由向工商业户收取“预付气费款”

上游气源企业向当事人收取气费预付款与本案没有关联性，当事人与上游气源企业购气交易的相关问题不能作为其与工商业户供气交易的条件，当事人不应因资金周转压力大而要求工商业户向其缴纳“预付气费款”。

2. 当事人不能将应由自己承担的经营风险转嫁给工商业户

当事人在日常经营中可能存在某些工商业户拖欠气费的情况，但并非普遍现象，当事人不能将这种经营风险让广大工商业户承担。若工商业户恶意拖欠气费，当事人可依据《青岛市燃气管理条例》（2003年）第三十五条“燃气用户有下列行为之一的，由燃气经营单位通知其限期改正；情节严重的，可以停止供气：（一）逾期六十日未缴纳燃气费的”规定，采取停止供气的措施，也可通过其他法律途径解决，而不能将自身的经营风险转嫁给广大工商业户。

3. 当事人辩称其向工商业户收取“预付气费款”经过与工商业户协商并同意的说法与事实不符

办案机关对部分缴纳“预付气费款”的工商业户进行了走访和问卷调查，90%以上的工商业户表示非自愿缴纳“预付气费款”，而是当事人以不能保障稳定供气为由强制收取此费用。迫于当事人的市场支配地位，工商业户为了正常用气，不得不缴纳“预付气费款”。

最后，办案机关认为：智能IC卡表用户本身即采取预付费方式，该气费支付方式决定了智能IC卡表用户不存在恶意欠费的情况，但当事人要求其额外再缴纳一笔“预付气费款”，该行为不具备合理性。普通燃气表用户与当事人签订供气协议时约定的气费支付方式为后付费，当事人若要更改气费支付方式，应与工商业户进行协商，征得工商业户的同意，而不能以“不能保障稳定供气”等条件强制向工商业户收取“预付气费款”，且该“预付气费款”缴纳的具体金额由当事人规定，工商业户无法自主选择，工商业户缴纳的该笔“预付气费款”在日常购气中不能冲抵燃气费，每月仍需按当事人抄表数量缴纳燃气费。当事人以强制方式向普通燃气表用户收取“预付气费款”也不具备合理性。因此，当事人称作“预付气费款”的这笔款项本身并不是实际意义上的预付气费款，其强行要求工商业户缴纳“预付气费款”的行为是附加给工商业户的不合理交易条件。

在宿迁案中，对于限定住宅小区燃气工程施工方面，当事人理由是：（1）自己通过与宿迁建设局签订《宿迁市城市管道燃气特许经营协议》获得了宿迁市城区范围内天然气及相关业务的特许经营资格，住宅小区的燃气管道安装施工工程理应包括在内。另外，宿迁市政府相关部门发布的文件也明确了当事人具有住宅小区燃气管道安装施工的法定职责。（2）房地产开发企业所开发居民小区的燃气管道工程如果交给当事人之外的第三方承建，安全性得不到保证，且如果当事人不承建居民小区的燃气管道工程，则也不负责后期的维护工作。

对于上述理由，办案机关同样未予采纳。针对当事人的申辩理由（1），办案机关认为：

第一，2005 年原宿迁市建设局与宿迁某管道燃气有限公司（2009 年 8 月名称变更为宿迁某燃气公司）签订《宿迁市城市管道燃气特许经营协议》（以下简称为《协议》）。其中对于部分所涉名词进行了解释，如 2. 7 市政管道燃气设施：市政规划红线内所有燃气管道设施，2. 8 庭院管道燃气设施：市政规划红线外所有燃气管道设施，2. 11 特许经营权：是指本协议中甲方授予乙方的、在特许经营期限内独家在特许经营区域范围内运营、维护市政管道燃气设施、以管道输送形式向用户供应燃气，提供相关管道燃气设施的抢修抢险业务等并收取费用的权利。从上述相关条款可以明确，当事人在宿迁市城区的城市管道燃气特许经营权包括运营、维护市政管道燃气设施，并不包括庭院管道燃气设施，因此，住宅小区的燃气管道安装施工工程并未在宿迁某燃气公司特许经营权业务范围之内。另外《协议》第五章燃气设施的建设、维护和更新中 5. 1 燃气设施建设项下的 5. 11：在本协议规定的区域范围内，乙方应根据城市规划和燃气专业规划的要求，承担市政燃气管道和设施的投资建设；以及 2005 年以来宿迁市区住宅小区庭院管道燃气设施是由房地产开发企业投资而非宿迁某燃气公司投资的实际情况，都表明当事人在宿迁市城区范围内只负责市政管道燃气设施的投资建设而不包括住宅小区庭院管道燃气设施的投资建设。因此，住宅小区的燃气管道安装施工工程包括在特许经营权业务范围之内也与上述实际情况相矛盾。

第二，2005 年原宿迁市建设局与当事人签订的《协议》已然明确了宿迁市城区范围内住宅小区的燃气管道安装施工工程不在特许经营权业务范围之内。由于当事人不具备住宅小区的燃气管道安装施工的资质，因此，当事人声称住宅小区燃气管道安装施工是其法定职责与上述实际情况相悖。依据《工商行政管理机关制止滥用行政权力排除、限制竞争行为的规定》第五条“经营者不得从事下列行为：……（三）以依据行政机关和法律、法规授权的具有管理公共事务职能的组织制定、发布的行政规定为由，达成、实施垄断协议和滥用市场支配地位”的相关规定，当事人不能以宿迁市政府相关部门发布文件明确其具有住宅小区燃气管道安装施工的职能作为其限定施工工程交易的正当理由。

第三，依据《国家计委、财政部关于全面整顿住房建设收费取消部分收费项目的通知》① （计价格〔2001〕585 号）“对住房开发建设过程中，经营燃气、自来水、电力、电话、有线或光缆电视（简称‘两管三线’）等垄断企业的价格行为进行全面整顿。‘两管三线’安装工程要打破垄断，引入竞争，由房地产开发企业向社会公开招标，自主选择有相应资质的企业承担安装工程”的规定，可以明确居民小区燃气管道安装工程应当从供气行业剥离，其市场应是开放的、自由竞争的。因此，宿迁市城区居民小区燃气管道安装工程施工不应在特许经营范围之内，而应由房地产开发企业自主选择有相应资质的企业承担安装工程。

针对当事人的申辩理由（2），办案机关认为：国务院《城镇燃气管理条例》第十九条“管道燃气经营者对其供气范围内的市政燃气设施、建筑区划内业主专有部分以外的燃气设施，承担运行、维护、抢修和更新改造的责任”，《江苏省物业管理条例》第三十七条“新建住宅物业管理区域内的供水、供电、供气、供热等终端用户的分户计量表或者终端用户入户端口以外的专业经营设施设备，应当符合国家技术标准和专业技术规范。建设单位在组织竣工验收时，应当通知供水、供电、供气、供热等专业经营单位参加；在竣工验收合格后，应当将住宅物业管理区域内专业经营设施设备移交给专业经营单位负责管理。专业经营单位应当接收并承担维修、养护和更新的责任，有关费用由专业经营单位承担”。可见，相关法律法规对新建住宅小区内燃气管道的维护、更新、改造等责任及相关费用已有明确规定，燃气经营者对居民小区内燃气管道的维护更新有着不可推卸的法律义务，当事人以居民小区燃气管道工程不是自己承建就不负责后期维护工作的理由是不合法的。至于当事人提出的燃气管道工程不是自己承建施工安全得不到保障，更是没有合理解释。依据相关规定，只有具备了《特种设备安装改造维修许可证（压力管道）》资质，方可从事燃气管道安装施工工程。经调查，当事人未取得《特种设备安装改造维修许可证（压力管道）》资质证书，当事人承接燃

① 该通知目前已失效。

气管道安装施工工程本身就是违法的。从实际操作来看，当事人从房地产企业手中承接燃气管道工程后，也还是发包给具备相应资质的施工单位承建。对于取得相关资质的施工企业而言，无论是从当事人手中还是从开发商手中承接燃气管道施工工程，燃气管道工程质量并无差异，在安全性方面也无区别。所以，当事人申辩理由（2）也是不成立的。

（二）瓶装燃气企业垄断案例分析

1. 某液化气有限责任公司行政处罚案

某液化气公司取得城市燃气企业资质证书，在株洲市茶陵县销售瓶装液化石油气。除该液化气公司外，茶陵县还有一家企业从事瓶装液化石油气的批发零售。两家经营者市场份额大致相当。当消费者携带使用年限超过4年的液化石油气钢瓶到液化气公司购买液化石油气时，液化气公司向消费者收取50元/只用于检测钢瓶是否合格（液化气公司向消费者收取钢瓶检测费，未经价格主管部门批准），或者由消费者支付100元/只购买新钢瓶，否则拒绝向消费者供应液化气。液化气公司将使用年限超过4年的钢瓶送至湖南省特种设备检测中心进行检测，该中心收取检测费35元/只。茶陵县物价局关于瓶装液化气销售价格的通知规定，送气到户可加收5元送气费。

2015年4月7日，株洲工商局对液化气公司超过标准向用户收取液化气钢瓶年检费，涉嫌违反《中华人民共和国反不正当竞争法》构成限制竞争的行为予以立案调查。2015年7月6日，株洲工商局作出株工商行处字〔2015〕第13号行政处罚决定，认定液化气公司利用依法具有的独占地位，未经物价部门批准向瓶装液化气用户收取50元的液化气钢瓶检验费，构成限制竞争，决定责令液化气公司立即停止违法行为，并予罚款10万元的行政处罚。液化气公司不服行政处罚决定，向湖南省工商局申请行政复议。湖南省工商局复议维持了株洲工商局作出的行政处罚决定。液化气公司仍不服，提起诉讼。

长沙市天心区人民法院一审认为行政处罚决定适用法律错误，不能认定液化气公司是“其他依法具有独占地位的经营者”，判决撤销被告株洲市工商局行政处罚决定及被告湖南省工商局行政复议决定。株洲工商局、湖南省工商局均不服一审判决提起上诉，长沙市中级人民法院认为液化气公司属于

"公用企业以外的由法律、法规、规章或者其他合法的规范性文件赋予其从事石油液化气独占经营资格的其他具有独占地位的经营者"，以适用法律错误为由判决撤销一审判决。

液化气公司不服长沙市中级人民法院二审判决，向湖南省高级人民法院申请再审。2017 年 8 月 18 日，湖南省高级人民法院驳回液化气公司的再审申请。

综合本案的行政处罚、行政复议、行政诉讼各环节来看，行政相对人、行政机关和审判机关聚焦的问题有两个：一是液化气公司是否属于"公用企业或者其他依法具有独占地位的经营者"，二是液化气公司是否存在滥收费用的行为。其中涉及的《中华人民共和国反不正当竞争法》与《中华人民共和国反垄断法》适用问题也值得进一步思考。

（1）"公用企业或者其他依法具有独占地位的经营者"的界定问题

在这个问题上，二审法院认可行政机关的观点，推翻了一审法院的观点；在再审环节，再审虽然维持了二审判决，但是又提出了新的观点。①一审法院认为：茶陵县存在两家瓶装液化石油气经营者，且两家市场份额大致相当。从日常生活经验考察瓶装液化石油气用户的消费习惯可知，由于钢瓶运输的困难以及购买液化石油气往返的时间、精力成本，选择支付 5 元由经营者"送气入户"的用户应该是绝大多数，即便是在经济相对不发达的地区。当选择"送气入户"时，用户通常情况下是不会在意经营者网点的远近。若是用户自行携钢瓶购买充装液化石油气，自然会选择最近的销售网点；倘若用户对最近的销售网点（恰恰又是液化气公司的）收取 50 元不能接受，更多会选择多支付 5 元送气费而由距离相对远一点的另一家经营者"送气入户"。因此，即使瓶装液化石油气的用户对经营者有较强依赖性，但在茶陵县不会影响用户选择经营者的权利。故不能认定液化气公司是"其他依法具有独占地位的经营者"。②二审法院认为：液化气既是一种危险化学品，亦是居民生活必需品，液化气的经营许可受到法律、法规、规章或者其他合法的规范性文件的特别限制。经营者在经营过程中独家经营或不存在充分竞争，消费者对其提供的石油液化气具有较强的依赖性。液化气公司依法取得城市燃气企业资质证书，即在规定的期限和区域内取得石油液化气独占经营资格，属于公用企业以外的由法律、法规、规章或者其他合法的规范性文件赋予其从事石油液化气独占经营资格的其他具有独占地位的经营者。① ③再审法院则认为：液化气公司系城市供气经营企业，属于公用企业，虽然液化气公司提供的是罐装液化气服务，供气方式与管道煤气方式不同，但并不能因此改变其在特定时期、特定地域范围内为相关居民供气的公用事业经营者的性质。②

（2）液化气公司是否属于"公用企业"

湖南省高级人民法院认定液化气公司属于公用企业的逻辑是：《国家工商行政管理局关于禁止公用企业限制竞争行为的若干规定》第二条规定"公用企业，是指涉及公用事业的经营者，包括供水、供电、供热、供气、邮政、电讯、交通运输等行业的经营者"。液化气公司在特定时期、特定范围内为相关居民供气，故属于公用企业。

姑且不论关于"公用企业，是指涉及公用事业的经营者"的论断是否准确。长期以来，学界对公用企业的称谓一直采用混用的方式，即将"公用企业"与"公用事业"混用，单就把采用瓶装液化气供气的企业认定为公用企业，笔者认为值得商榷。

国内学者对公用企业的界定各不相同。有的学者认为：公用企业是指通过网络或者其他关键设施（基础设施）提供公共服务的企业，如电信、电力、煤气和供水服务等企业。有的学者认为：公用企业是指通过基础设施向个人和组织提供普遍必需品和服务的产业，从广义上讲包括电力、电信、邮政、铁路、有线电视、燃气、供热、供水和污水处理、公共交通、垃圾回收和处理等。但通说一般认为，公用企业基于网络与基础设施限制等因素，其属于自然垄断行业。液化石油气主要是通过罐装来实现其配送和销售，无须巨额投资铺设管道，与煤气、天然气明显具有不同的技术特征。因此，燃气行业中的非管网运输的液化石油气等部分不具有自然垄断性。③

此外，公用企业具有政府管制性，包括价格的管制、市场准入的管制、经营者身份的管制。而液化石油气行业的政府管制日渐弱化，在价格方面，

① 参见中国裁判文书网，案号：(2016) 湘01 行终439 号。
② 参见中国裁判文书网，案号：(2016) 湘行申972 号。
③ 黄赫：《深化燃气行业改革研究》，化学工业出版社2011 年版，第3 页。

广东、安徽等地基于瓶装液化石油气经营主体较多、竞争日趋充分的实际，已逐步放开了瓶装液化石油气价格；在市场准入方面，液化石油气经营并未像管道燃气一样实施特许经营；在身份管制方面，液化石油气行业由地方自行规定是否允许个人经营，也未限制外商投资。

综上，笔者认为，液化气公司不属于公用企业。

（3）液化气公司是否属于“其他依法具有独占地位的经营者”

《中华人民共和国反不正当竞争法》并未界定何谓“其他依法具有独占地位的经营者”。在本案中，工商部门引用的依据是《国家工商行政管理局关于如何认定其他依法具有独占地位的经营者问题的答复》（工商公字〔2000〕第48号）。该答复指出，《中华人民共和国反不正当竞争法》第六条规定的“其他依法具有独占地位的经营者”，是指公用企业以外的由法律、法规、规章或者其他合法的规范性文件赋予其从事特定商品（包括服务）的独占经营资格的经营者。所谓独占地位，是指经营者的市场准入受到法律、法规、规章或者其他合法的规范性文件的特别限制，该经营者在相关市场上独家经营或者没有充分的竞争以及用户或者消费者对其提供的商品具有较强的依赖性的经营地位。结合《城镇燃气管理条例》以及《燃气经营许可管理办法》来理解，认定液化气公司具有独占地位比认定液化气公司为公用企业的依据更为充分。但是在价格管制放开的情形下，如何判断“没有充分的竞争”“较强的依赖性”，在实践中仍存在不少问题，自由裁量的空间过大。

（4）《中华人民共和国反不正当竞争法》对限制竞争条款的扬弃

在《中华人民共和国反不正当竞争法》于1993年12月1日施行近15年后，2008年8月1日《中华人民共和国反垄断法》方开始施行。《中华人民共和国反垄断法》在规制限制竞争行为的规定方面摒弃了“公用企业或其他依法具有独占地位的经营者”的表述，采用了“具有市场支配地位的经营者”这一概念，并且对如何界定“具有市场支配地位”从定性和定量两个方面作了明确规定。《中华人民共和国反垄断法》的出台也给执法人员带来了困惑，在《中华人民共和国反垄断法》第六条“具有市场支配地位的经营者，不得滥用市场支配地位，排除、限制竞争”与《中华人民共和国反不正当竞争法》第六条公用企业、独占地位经营者不得限制竞争的规定产生竞合的情形下，如何选择适用成了一个问题，导致不少地方的执法机关避重就轻，选择性适用《中华人民共和国反不正当竞争法》，冷落《中华人民共和国反垄断法》。

2017 年 11 月 4 日，第十二届全国人民代表大会常务委员会第三十次会议修订的《中华人民共和国反不正当竞争法》对与《中华人民共和国反垄断法》存在竞合的内容进行了分割，删除了原第六条“公用企业或者其他依法具有独占地位的经营者，不得限定他人购买其指定的经营者的商品，以排挤其他经营者的公平竞争”。

在 2017 年《中华人民共和国反不正当竞争法》实施后，如何判断一个企业的行为是否构成排除、限制竞争，需要根据《中华人民共和国反垄断法》有关滥用市场支配地位的规定来进行认定。一旦被认定构成垄断行为，面临的处罚远比原来适用《中华人民共和国反不正当竞争法》要重。

（5）液化气公司滥收费用的界定问题

在本案中，二审法院和行政机关认定液化气公司构成滥收费用，其依据是 2007 年 4 月 12 日湖南省物价局发布的《湖南省民用液化石油气零售价格管理办法》（湘价消〔2007〕46 号），该办法第六条规定民用液化石油气零售价格 = 气源平均进价 + 运杂费 + 综合管理费用 + 税金 + 送气费，并明确：综合管理费用已包括气瓶检测费；该办法第九条规定：禁止在民用石油液化气零售价格外加收未经价格主管部门批准的任何费用。

何为“滥收费用”，《国家工商行政管理局关于禁止公用企业限制竞争行为的若干规定》第六条第三款：本规定所称滥收费用，是指超出正常的收费项目或者标准而收取的不合理的费用。此外，国家工商行政管理局在 1999 年《关于〈反不正当竞争法〉第二十三条和第三十条“质次价高”“滥收费用”及“违法所得”认定问题的答复》中，也对“滥收费用”作出了解释，即超出正常的收费项目或者标准而收取不合理的费用，包括应当收费而超过规定标准收取费用或者不应当收费而收取费用。

时过境迁，液化气公司收取钢瓶检测费的行为随着时间的推移，在能否认定构成滥收费用及法律适用的问题上，会发生变化。

在价格管制方面，《湖南省民用液化石油气零售价格管理办法》的制定依据包括价格法、湖南省燃气管理条例、湖南省定价目录，而 2018 年 2 月 1 日起施行的新版湖南省定价目录，已经将“民用液化石油气进销差价”从定价目录中删除。

在政策法规方面，《中华人民共和国反不正当竞争法》取消公用企业限制竞争条款后，涉及滥收费用的情形应适用国家市场监督管理总局根据《中华人民共和国反垄断法》制定的《禁止滥用市场支配地位行为暂行规定》。根据该规定第十四条，禁止具有市场支配地位的经营者以不公平的高价销售商品，认定滥收费用行为是否构成“不公平的高价”，可以考虑下列因素：①销售价格是否明显高于其他经营者在相同或者相似市场条件下销售同种商品或者可比较商品的价格；②销售价格是否明显高于同一经营者在其他相同或者相似市场条件区域销售或者购买商品的价格；③在成本基本稳定的情况下，是否超过正常幅度提高销售价格；④销售商品的提价幅度是否明显高于成本增长幅度。

2. 泰和县液化石油气经营者从事垄断协议案

根据国家工商行政管理总局2013年第2号竞争执法公告显示：2010年8月6日，江西省工商局根据举报并经国家工商行政管理总局授权对泰和县华维气站涉嫌达成垄断协议案立案调查。泰和县华维气站独家经营泰和县城散装液化石油气业务，与该县赣中南公司等6个经营者达成协议：由华维气站一家经营泰和县城的散装液化石油气充装、销售业务，马市普工液化石油气有限公司负责液化气批发业务（不再从事散装零售），万合液化气站负责万合附近乡下散装零售业务，赣中南公司等6个经营者均停止县城液化气零售业务。华维气站按月支付赣中南等6个经营者现金9.4万元至10.4万元。根据查明的事实，江西省工商局认定华维气站违反《中华人民共和国反垄断法》第十三条禁止经营者“分割销售市场或者原材料采购市场”的规定，责令泰和县华维气站停止违法行为，没收违法所得205537元，并处罚款13.023万元。

该案中，泰和县华维气站与其他6个经营者达成垄断协议限制、排除正当竞争，成为该地区液化石油气零售的唯一供应者，使得消费者只能选择与其进行交易，侵犯了消费者的合法权益。

3. 鄂尔多斯液化石油气有限公司等3家公司涉嫌垄断经营行为案

根据国家工商行政管理总局竞争执法公告2017年8号显示：2013年11月20日前，三亚、荣美、现代三家液化石油气公司自主经营，自负盈亏。三家公司为了避免相互激烈竞争，经协商后达成协议，于2013年11月20日，三亚、荣美、现代三家公司与相关责任人牛某签订《三公司合伙经营液化石油气一致同意转租他人合同》。将三家液化石油气公司各自转租给牛某，牛某每月给付三家公司承包费每家公司每月各6万元，共18万元。该承包合同的签订，将东胜区具有竞争关系的液化石油气市场归一个经营者承包，使东胜区变成了一个没有竞争关系的液化石油气市场。

牛某通过与三家公司签订承包协议形成对液化石油气市场的垄断，形成了在东胜区液化气市场的市场支配地位。于是在2015年4月15日，牛某与三家公司协商后决定涨价，从原先的80元/瓶提高到100元/瓶。同时，承包人牛某承包以后，以安全为由拒绝三家公司以前用户使用的液化气罐，要求用户必须购买其经销的液化气罐，否则不予灌气。

内蒙古自治区工商局于2015年8月10日启动反垄断调查后，三公司立即将每瓶液化气的价格由100元降到原来的80元，并向工商局提交了《鄂尔多斯三亚、荣美、现代三家液化石油气公司关于中止涉嫌垄断行为调查的申请》。并承诺如下整改措施：一是取消《三公司合伙经营液化石油气一致同意转租他人合同》，恢复原来三个公司各自独立的经营方式。二是严格执行当地价格主管部门制定的价格标准。按照鄂价发〔2007〕149号文件的规定，由100元/瓶降为80元/瓶。三是对原来用户使用的液化气罐在检测合格后继续使用。

办案机关根据《中华人民共和国反垄断法》第四十五条及《工商行政管理机关查处垄断协议、滥用市场支配地位案件程序规定》第十七条、第十八条、第十九条的规定，同意当事人中止调查的申请。而后，办案机关还针对《鄂尔多斯三亚、荣美、现代三家液化石油气公司关于终止涉嫌垄断行为调查的申请》，委托鄂尔多斯市工商局执法人员对当事人整改承诺措施落实情况进行了进一步调查核实，并根据核实情况决定对当事人涉嫌违反《中华人民共和国反垄断法》的行为终止调查。

四、燃气企业经营合规指引

（一）燃气工程建设业务

市政燃气管道建设业务由燃气企业组织施工，燃气企业对市政管道的独家建设权自不待言。存在争议的，主要是用户燃气工程建设业务这一块。

长期以来，用户燃气工程建设被包括燃气企业在内的社会各界视为特许经营业务范围之一，往往不容燃气企业之外的第三方插手。随着时间的推移，相关利益方陆续把矛头指向燃气企业垄断用户燃气工程建设业务，执法机构频频向燃气企业祭出了反垄断大旗的同时，燃气主管部门滥用行政权力排除限制竞争的案例也不断见诸报端。例如，黑龙江物价部门调查发现：2009 年 12 月 17 日，绥芬河市人民政府与某燃气公司签订了《城市管道天然气特许经营协议》。2013 年 6 月 21 日，《绥芬河市人民政府市长办公会议纪要》（第 25 次）（以下简称《会议纪要》）"议定事项"包括第一条"我市行政区域内所有新建居住建筑必须设计安装燃气管道设施，并与供水、供电、通讯等配套设施同步施工，同步交付使用。工程项目开工之前必须与燃气企业签订燃气管道施工合同，否则建设部门不予办理施工许可证"、第二条"已开工建设现未竣工投入使用的居住建筑建设单位必须在竣工前与燃气企业签订燃气安装施工合同，并抓紧施工，否则工程不准交工投入使用"、第三条"新建居住建筑管道设计、安装施工由燃气企业投资委托具有相应资质设计、施工单位进行设计施工，终身负责维修"。按照该会议纪要规定，某燃气公司与绥芬河市区内房地产开发建制企业分别签订了《城市居民管道燃气室内安装工程施工合同》，执行了该会议纪要的规定。该案最终由地方政府主动纠错告终：2017 年 9 月 6 日，绥芬河市人民政府召开第 9 次常务会议，废止了 2013 年第 25 次市长办公会议纪要；决定加大城市燃气管道建设力度，所有行政区域内新建居住建筑必须安装燃气管道设施，与具有相应资质设计、施工单位签订燃气管道施工合同，确保城市燃气工程项目施工质量和安全。

2019 年 6 月 27 日，国家发改委发布了《关于规范城镇燃气工程安装收费的指导意见》（发改价格〔2019〕1131 号），其中重要的一点是"加快构建燃气工程安装竞争性市场体系”：各地要加快建立完善公平开放的燃气工程安装市场，鼓励具备燃气工程安装施工能力的企业依法取得相应市政公用工程施工资质后参与市场竞争，鼓励具备安装资质的企业跨区域开展工程安装和改造业务，促进市场竞争。燃气企业不得滥用市场支配地位垄断经营范围内工程安装业务，或指定利益相关方从事燃气工程安装，妨碍市场公平竞争。该意见进一步表明燃气企业不得滥用市场支配地位垄断经营范围内的工程安装业务。

从发改价格〔2019〕1131号文件可以看出，政府反对的不是燃气企业承揽燃气工程安装业务这一行为本身，而是反对燃气企业垄断工程安装业务。燃气企业在明示告知用户相关权利、尊重用户自愿选择权的情况下，完全可以开展用户燃气工程建设及相应材料物资采购的经营活动。燃气企业在开展业务过程中，应避免附加不合理的交易条件，如没有正当理由，要求用户必须购买、安装用户燃气工程或供气服务非必需的材料、设备，或对用户燃气工程附加其他与用户燃气工程无关的不合理交易条件。在工程安装费方面，在燃气工程安装收费标准纳入政府定价目录进行管理的地方，燃气企业需加强工程安装的财务核算，成本利润率等指标应合规，不得超过国家及地方主管部门的规定；燃气工程安装收费标准放开由市场竞争形成的地方，燃气企业要在显著位置标明收费标准和价格构成等依据，接受用户咨询和监督；城镇燃气工程安装收费标准放开由市场形成的地方，燃气企业应当遵循公平合法、诚实信用的原则，合理确定收费标准，不得有价格欺诈、价格串通、牟取暴利等不正当价格行为。

（二）燃气销售业务

对于一般买卖合同而言，先货后款，或先款后货，或一手交钱一手交货，都是双方当事人自愿协商选择的交易方式而已。而经营公用事业的燃气企业，其预先收取气费的方式则受到更严格的监督。在收取预付气费时，通常需要同时满足以下条件：（1）就收取预付气费与用户充分协商，尊重用户意愿；（2）将收取的预付气费按照气费结算周期及时滚动结算；（3）根据与用户协商情况确定预付气费，不得设定预付气费最低限额。燃气企业应当避免在没有正当理由的情况下，强制或变相强制用户交纳“押金”、“保证金”、不参与气费结算的预付气费，或要求用户交纳最低用气费，制定超高的违约金标准。前述强制或变相强制用户交纳不参与气费结算的预付气费，通常具体表现为：

（1）在供用气合同等相关文件中约定或通过告示、公文、通知要求收取预付气费，但约定预付气费不能冲抵气费、不参与气费滚动结算；

（2）虽然在供用气合同等相关文件中约定就收取的预付气费采用滚动结算方式，但实际预付气费不按照气费结算周期滚动；

（3）在供用气合同等相关文件中对用户需交纳的预付气费设定最低限额；

（4）收取与用户气费结算周期实际使用气量明显不对等的高额预付款。

就燃气预付充值卡而言，是否充值、充值金额的多少均由用户自主决定，预付的金额也是对应使用的等值气量，不属于上述强制或变相强制用户交纳不参与气费结算的预付气费的情形。

（三）增值业务

燃气企业在销售燃气的过程中，可以推荐、销售相关产品或服务；同时应当通过书面或口头方式向交易相对方明示系推荐，并充分尊重用户选择权，以及其他经营者参与市场公平竞争的权利。但应避免无正当理由的搭售行为，不应在没有正当理由的情况下，违背交易惯例、消费习惯，或者无视产品或服务的功能，在交易形式和交易内容上将不同产品或服务强制捆绑销售。需要避免的无正当理由搭售行为通常具体表现为：

（1）在供用气合同、用户报装文件中，或通过其他公文、告示通知等文件，强制或变相强制用户购买燃气灶具等产品或接受其他服务；

（2）在用户办理开户业务时，或上门开通点火、安检、抄表、维护维修时，强制或变相强制用户购买燃气灶具等产品或接受其他服务；

（3）强制用户接受超过行业标准、设计规范要求的计量设施、报警装置等；

（4）以某些地方政府出具了文件，强制要求燃气设备必须经过检测并张贴标志，或者必须安装报警器等特定器材为由，借此强制用户进行交易。

燃气企业可以向用户推荐燃气保险，或在取得资质的情形下依法代理销售燃气保险、从事燃气保险经纪行为。燃气企业在推荐或代理销售燃气保险时，需要避免出现以下行为：

（1）强制或变相强制用户购买燃气保险，否则不予办理开户或通气等服务；

（2）强制或变相强制用户购买燃气经营者代售的或指定保险公司销售的燃气保险；

（3）其他可能排除、限制用户选择权或其他保险公司参与燃气保险销售市场公平竞争权利的行为。

附录

国家能源局关于印发《天然气购销合同（标准文本）》的通知①

各派出机构，各省（自治区、直辖市）发改委、能源局，中石油、中石化、中海油集团公司，各有关天然气供应企业、城市燃气集团、直供用户：

为规范天然气购销市场秩序，我们制定了《天然气购销合同（标准文本）》（以下简称《标准文本》），现印发试行，有关事项通知如下：

一、各天然气供应企业、城市燃气集团、直供用户在我国境内开展天然气购销业务时，参照《标准文本》订立合同。

二、《标准文本》由国家能源局负责解释，此前签订的天然气购销合同仍然有效。

三、国家能源局及其派出机构负责监管天然气购销合同签订及履行情况。

试行中遇到的重大问题请及时报告国家能源局。

附件1.《天然气购销合同（标准文本）》

2.《天然气购销合同（标准文本）》使用说明

国家能源局

2014 年 2 月 25 日

① 参见国家能源局网站：http：//zfxxgk. nea. gov. cn/auto92/201403/t20140304_ 1777. htm，2019 年 12 月 20 日访问。

天然气购销合同

（标准文本）

卖方：__________

买方：__________

年　月　日

本天然气购销合同（“本合同”）由下列双方于_____年__月__日于中国________签署：

（1）______，其注册地址为______，营业执照注册号为____（“卖方”）；

（2）______，其注册地址为______，营业执照注册号为____（“买方”）。

卖方和买方以下合称“双方”，单独一方则称“一方”。

鉴于：

（1）卖方已拥有一处或多处供应源，或已从一处或多处供应源获得天然气（含液化天然气）的长期供应；

（注：如涉及新项目审批要求，可在此对气源来源情况进行具体描述。）

（2）买方希望购买天然气用于__________（“买方用途”）；

（3）买方同意按本合同中约定的条款和条件购买和接收天然气，同时卖方愿意按该等条款和条件向买方销售和交付天然气。

为此，双方本着自愿、公平和诚实信用的原则，经协商一致，就有关天然气购销事宜达成本合同如下条款：

第1条　定义

除非本合同中另有具体规定，本合同中使用的下列词语含义如下：

1.1 起始日

指按本合同第4.1款的规定确定的日期。

1.2 合同年

就第一个合同年而言，指起始日开始至起始日所在当年的12月31日结束；就任一其后的合同年而言，指自当年1月1日起至12月31日止的连续的十二（12）个月；假如合同期在12月31日以外的日期终止，则最后一个合同年为自该终止日前的1月1日起至合同期最后一日止届满的一段时间。

1.3 供气日

指北京时间当日的______至下一日的______。

1.4 标准立方米

指在压力为101.325kPa，温度为20℃的状态下占有一立方米空间的气量。

1.5 合理努力

指一方在当时的情况下采取合理可能的行为，但不包括采取将会或可能会使该方遭受重大损失的行动。

1.6 合理审慎作业者

指能诚信地力求履行其合约义务的自然人及组织，该自然人及组织在力求履约以及在其通常的履行承诺过程中，其表现出的技巧、勤勉、审慎和预见水平达到了人们合理和通常期望的一个成熟及富有经验的同类业务作业者，在同样或相似的情况和条件下并按照所有适用的法律、国际标准和惯例，履行承诺所达到的水平。

第2条　批准及许可

双方应各自负责并且应尽合理努力获得各自一切必要的核准（批准）及许可，以使其得以履行各自在本合同项下的义务。

第3条　交付

3.1 交付点、风险和所有权

卖方按本合同的规定向买方销售天然气，买方按本合同的规定向卖方购买天然气，交付点为______，交付压力为______。交付天然气的所有权和风险自天然气越过交付点时由卖方转移至买方。

3.2 卖方交付设施

卖方应将天然气输送至交付点。卖方应负责安排交付点之前的所有天然气交付设施（包括交付点上游的卖方天然气检验和计量设备）。

3.3 买方接收设施

买方应在交付点接收天然气。买方应负责安排交付点之后的所有天然气接收设施。

第4条　起始日和交付期

4.1 起始日

（适用于已建成项目）：

双方约定，本合同项下供气起始日为______。

（适用于新项目）：

双方应不定期就双方项目建设的进度进行沟通，并就起始日的确定进行协商。双方约定本合同项下起始日应在____年____月____日至____年____月____日的期间内（“第一窗口期”）发生，并应根据以下程序确定：

4.1.1 双方应至少在____年____月____日前确定一个九十（90）天的期间，该期间应在第一窗口期内且起始日应在该期间发生［该九十（90）天以下简称“第二窗口期”］，或如果双方没有按照本款的规定确定窗口，则第二窗口期将被视为是第一窗口期的最后的九十（90）天；

4.1.2 双方应至少在第二窗口期开始前三十（30）天确定起始日的时间，该起始日的时间应在第二窗口期内，或如果双方没有按照本款上述规定确定起始日，则起始日将被视为是第二窗口期的最后一天。

4.2 交付期

除非双方另有约定，本合同项下天然气交付期为起始日至____年____月____日。

第5条　年合同量（视情况而定，可将“年合同量”调整为“合同量”）

5.1 年合同量（适用于1年期以上的合同）

就每一合同年而言，指__________标准立方米的天然气气量。

（注：双方可对每一合同年的年合同量分别进行约定。）

5.2 气源

上述年合同量所对应的天然气供应来源来自__________，未来也包括从其他资源国或资源商处获得的其他气源。

5.3 最大日合同量、最小日合同量和最大小时提取速率

双方约定，就任一供气日而言，允许买方提取的天然气数量的最大值为____标准立方米每供气日（“最大日合同量”），最小值为____标准立方米每供气日（“最小日合同量”）。双方进一步约定，除非卖方导致或卖方事先书面同意，对于交付期内任一供气日买方提取的超出上述最大日合同量部分的天然气为超提气。

双方约定，就任一供气日内，允许买方提取天然气速率的最大值为____标准立方米/每小时（“最大小时提取速率”）。

5.4 增量气

若买方在交付期内的任何时间向卖方提出购买超过年合同量的增量气，则：

5.4.1 买方至少应提前____日通知卖方增量气的数量以及交付时间；

5.4.2 卖方可在其收到买方按本合同第5.4.1款的规定发出的通知起____日内向买方发出接受或拒绝该等要求的通知，且该合同年的年合同量应按双方约定的增量气的数量进行相应调整。

5.5 优先供气顺序

双方约定，在交付期内任何时间发生天然气气量不足以满足卖方所有下游用户的有效指定量的情况，无论是否是由于不可抗力所致，卖方将按照附件一约定的顺序向各下游用户供应天然气。

第6条　合同价格和气款结算

6.1 合同价格（以下模板供选择，并可根据实际情况进行细化。）

模板一：按本合同在交付点交付的天然气的合同价格为____元/标准立方米（含税）。本合同使用的货币为人民币，单位为“元”。

模板二：双方同意，本合同项下每一标准立方米（或吉焦）天然气的合同价格（以元/标准立方米或吉焦为单位表示）由天然气基础价格（Pi）和综合服务费用单价两部分组成。其中，双方应按照如下公式计算天然气基础

价格：

Pi = ____________；

综合服务费用单价为____元/标准立方米或吉焦。

6.2 气款结算

双方约定，本合同项下天然气气款每____结算一次。买方应根据附件二（结算条款）的规定，支付本合同项下其购买的所有天然气的款项和其他按照本合同应支付的款项。

第7条　照付不议（适用于1年期以上的合同）

就交付期内的任一合同年而言，卖方应在交付点销售并交付且买方应提取该合同年的年合同量，并为提取的和未提取的天然气付款。双方进一步约定，对于上述买方已付款但未提取的天然气，买方有权按附件三的约定进行补提。

第8条　质量和计量

天然气的质量和计量结果以卖方在交付点上游的分析和计量为准。天然气质量规格见附件四。

双方应依据国家颁布的适用于天然气计量的法律、法规、标准、规程和本条规定的原则进行天然气的检验与计量，检验计量规程见附件五。

第9条　调试和维修

9.1 调试（适用于新项目）

9.1.1 调试期为____年____月____日起至____年____月____日止的期间。

9.1.2 在调试期内，双方应互相合作，卖方应尽合理努力交付、买方应尽合理努力接收尽可能多的天然气，其数量应达到双方共同认可的对各自设施正常生产的要求。为避免歧义，在调试期内，________（如：“本合同第7条”）将不适用。

9.2 维修

双方同意，任何一方每一合同年可对其设施安排累计连续不超过十五（15）日的额定维修，除此之外，作为合理审慎作业者，任何一方可根据各自设施实际情况，另行安排额外维修和临时维修。

第 10 条　保险（本条为选择性条款）

在合同期内，每一方应自费向具有良好财务状况的承保人投保并保持标准的和符合惯例的保险。

第 11 条　计划与指定

本合同项下天然气的计划与指定机制在附件六中予以规定。

第 12 条　买方限制

在合同期内，除非经过卖方书面同意，卖方根据本合同销售给买方的所有天然气只能用于买方用途，不得转作其他用途。

第 13 条　保密

本合同的内容、编制本合同期间披露的一切信息以及往来的函件也包括任何一方的商业信息、客户资料等信息（以下统称为"保密信息"）均应保密。未经一方书面许可，另一方不得以任何方式向任何第三方披露任何保密信息（也不允许双方各自的雇员、管理人员、代表人、代理人或关联方向任何第三方披露）。

第 14 条　适用法律

本合同应适用中华人民共和国法律，并据此进行解释，排除任何会将本合同事项指向其他管辖地法律的法律选择规则。

第 15 条　争议解决

如果双方对本合同产生争议，双方应首先通过友好协商解决。如果该争议在任何一方以书面形式告知对方争议的存在起的四十五（45）天内仍然未能得到解决，双方同意按以下第____条处理：

（1）任何一方均有权向对方发出通知，将该争议提交仲裁进行最终裁决。争议应依据____仲裁委员会在提起仲裁时有效的仲裁规则（"规则"），由按照规则指定的三位仲裁员在____进行仲裁以得最终解决，除非本合同另作明确变更。____仲裁委员会为指定的仲裁机构。仲裁（包括所有联系沟通、证据提交、通知、裁决以及相关文件制作）所使用的语言应为中文。上述仲裁委员会做出的裁决为终局裁决，对买卖双方均有约束力。

（2）任何一方依法提请人民法院通过诉讼程序解决。

第 16 条　不可抗力

不可抗力应是指任何其发生超出应按并且已按合理审慎的作业者的方式行事的受影响方（或卖方或买方设备的其他所有者和/或经营者）的合理控制范围，且采用可合理期待其已采取的防护措施亦不能避免，进而导致受影响方无法履行其在本合同项下的任何一项或多项义务、约定或承诺的任何事件或情形。双方进一步同意，天然气市场或利用本合同所交付的天然气制成的产品市场的市场变化不应在本合同中视作不可抗力。

如一方受不可抗力影响完全或部分不能履行其合同义务，该方应坚持执行合理审慎的作业者标准努力克服和消除不可抗力事件或情况的影响，在此期间该方在本合同项下因受不可抗力的影响而不能履行义务的责任应予以免除，但是本合同的规定支付应付款项的义务不能予以免除。

第 17 条　生效和终止

17.1 生效（可根据项目实际情况决定，以下两个模板供选择：）

模板一：本合同及附件经双方法人代表或授权代表签字且加盖公章或合同专用章后生效，并持续有效直至交付期结束时终止或按本合同第 17.2 款规定的情形发生时终止（简称“合同期”）。

模板二：双方同意，双方在本合同项下的义务（除了于本合同签署之后即行生效的本合同第 2 条、第 10、12、13、14、15、16 条、第 17.1 款以及第 18、19 条项下的义务）应以满足以下生效条件为前提：________。所有生效条件均被满足或放弃之日即为生效日。

17.2 终止

如发生下述情形，本合同终止，以发生在先者为准：

17.2.1 交付期结束时合同终止；

17.2.2 如果一方严重违反本合同义务，经守约方通知后____日内，违约方未纠正其违约行为，守约方有权终止本合同；

17.2.3 如任何一方资不抵债、进入破产、清算程序或严重丧失商业信誉，另一方有权终止本合同；

17.2.4 如一方发生不可抗力事件，导致一方不能完整履行合同义务：（a）在连续____年的期间累计超过____年，或（b）连续____日，经提前____

日书面通知，另一方有权终止本合同。

第 18 条　承诺与保证

卖方向买方陈述并保证，并且买方向卖方陈述并保证：

18.1 该方拥有订立本合同并履行其在本合同项下义务的必要能力、资质和授权。

18.2 该方未涉及任何诉讼或其他可能影响该方履行本合同项下义务或将会对该方的财务状况产生重大影响的法律程序。

18.3 拥有或将会拥有或者享有或将会享有与为履行本合同而所需的资产相关的适当权利。

第 19 条　责任与赔偿

19.1 双方同意，对于本合同项下可能出现的买方未能按照合同约定提取天然气，或卖方未能按照合同约定交付天然气等情形的责任与补救机制在附件三中予以规定。

19.2 受本合同中明确规定的限制条款约束，一方应赔偿因违反本合同给另一方造成的损失，但是，违约方的赔偿责任以守约方的直接损失为限，不包括营业的损失、生产中断的损失、停工的损失、对第三方的赔偿责任、利润的损失等间接损失。

第 20 条　其他

本合同未尽事宜，双方将进行友好协商，并以本合同附件或补充协议的形式予以明确。该合同相关附件内容由供用气双方协商确定。

第 21 条　签署

本合同一式____份，具有同等效力，双方各执____份。

本合同由双方法人代表或授权代表于文首所载日期签署，以资证明。

卖　方：________________　　　　买　方：________________

签字人：________________　　　　签字人：________________

姓　名：________________　　　　姓　名：________________

职　务：________________　　　　职　务：________________

附件一　供气优先顺序

附件二　结算条款

附件三　责任与补救

附件四　质量规格

附件五　检验计量规程

附件六　计划与指定机制

《天然气购销合同（标准文本）》使用说明

一、本《天然气购销合同（标准文本）》（以下简称《标准文本》）适用于天然气供应企业与城市燃气集团、直供用户参照签订多年、年度或短期天然气购销合同。

二、《标准文本》中有关空格的内容由双方根据实际情况协商确定，合同双方可在公平、合理和协商一致的基础上，进一步对有关条款进行补充、细化或完善，增加或减少附件等。法律、法规或者国家有关部门有相关规定的，按照规定执行。

三、《标准文本》仅处理与天然气购销有关的商务问题，安全和技术问题合同双方可另行约定。

四、根据现行体制，《标准文本》按“卖方”与天然气长输管网设施运营企业为同一实体考虑。如“卖方”与天然气长输管网设施运营企业不是同一实体，则双方应对本合同相应条款进行必要调整和修改。

BF—2016—0506　　　　　　　　　　　　　　　　　　合同编号：

北京市居民供用天然气合同①

用气人（甲方：填写房屋产权人或公有产权房屋使用人）：________________

供气人（乙方：填写供气企业名称）：________________________

根据《中华人民共和国合同法》、《中华人民共和国消费者权益保护法》以及国家和本市燃气法规等规定，甲乙双方在自愿、平等、公平、诚实信用的基础上协商订立本合同。

第一条　用气地点、室内燃气燃烧器具、燃气计量表等情况

1. 用气地点：______（填写到甲方楼门牌房间号）______

2. 房屋用途：□自住　　　□出租

3. 燃气燃烧器具、燃气计量表清单

器具名称	品牌	型号	数量	安装时间	安装单位
燃气灶					
燃气热水器					
壁挂炉					
燃气计量表					
其他					

4. 室内燃气管线现状：（按实际情况，在相应的□内划√）

□未作改动　　　　　　　　　　□乙方或乙方委托改动

① 参见北京市市场监督管理局网站：http：//scjgj. beijing. gov. cn/bsfw/bmfw/sfwbbm/shxfl/qtwb/201911/t20191129_ 723094. html，2019 年 12 月 20 日访问。

□甲方改动，乙方认为没有隐患　　□甲方改动，乙方认为存在安全隐患

5. 甲方安装技防装置情况：______________________________

6. 甲方拟连续两年以上不使用燃气的，应提前3日告知乙方采取相应安全措施。

第二条　气源种类

□天然气；　　　　　　　　　　□压缩天然气（CNG）；

□液化天然气（LNG）；　　　　□其他

乙方保证提供的气体质量符合国家标准。

第三条　用气价格及结算方式

1. 价格：执行政府价格管理部门规定的燃气价格。

2. 结算方式：

□IC卡：甲方应按照乙方定期公告的预购气规定购买燃气。当IC卡燃气计量表的基表与IC卡控制器出现数据不同步时（基表故障除外），以基表计量为准。

□抄表：乙方按照抄表通知提示的日期抄表，以燃气计量表的读数为依据结算每个计费周期的燃气费。甲方接到乙方账单后，应按照账单提示的期限、方式及金额缴费。

□其他：______________________________

第四条　燃气计量装置维护、更新、检定责任

1. 甲方使用的燃气计量表无法正常使用的，由乙方无偿更换，甲方应予以配合。因甲方原因造成燃气计量表损坏的，甲方应承担表具维修或更换、安装费用。

2. 双方对燃气计量表的计量准确性有异议时，均可向具有法定检定资质的计量检定机构申请检定。燃气计量表经检定不合格的，由乙方承担检定费用并负责维修或更换燃气计量表；经检定合格的，由申请方承担检定费用。在申请检定期间，甲方仍应按期足额缴纳燃气费，双方再根据检定结果退还或补缴错误计收部分的燃气费。

第五条　燃气设施安全巡检、维护、维修及更换责任

1. 燃气计量表及表前管道、阀门、附属设施，由乙方负责维护、维修、

更换并承担相应费用。

2. 燃气计量表后的管道、阀门、附属设施及燃气燃烧器具，乙方应提供免费的周期性安全巡检，巡检周期为____个月（不得超过24个月）。需进行维修和更换的，费用由甲方承担。

本合同签订时，最近一次安全巡检时间为______年____月____日。

3. 乙方应提前____日在甲方住宅单元门口或电梯口等明显位置公示巡检时间并告知甲方留守。因甲方原因未能按公示时间进行安全巡检的，甲方应主动与乙方预约巡检时间；乙方未能按照公示时间进行安全巡检的，应再次主动与甲方预约巡检时间。

4. 甲方在承担费用的前提下，有权要求乙方增加入户安全检查频次。

5. 乙方安全巡检人员上门服务时应主动亮明身份证明、证件。

6. 安全巡检应包括（但不限于）以下内容：

①户内燃气管线、阀门、燃气计量表等是否有燃气泄漏；

②连接软管是否存在安装不符合标准及影响安全使用的情况；

③燃气燃烧器具是否属于淘汰产品，器具安装是否符合要求；

④向甲方宣传燃气使用安全常识，介绍燃气安全使用防护技术和方法；

⑤甲方室内有公用燃气阀门的，乙方应设立永久性警示标志；

⑥乙方应将检查结果告知甲方，就安全隐患提出书面整改建议；甲方应对整改建议签字确认。

第六条　安全用气责任

1. 甲方应对室内燃气设施及燃气燃烧器具进行日常检查，禁止实施下列行为：

①操作公用燃气阀门；

②将燃气管道作为负重支架或接地引线；

③使用不符合气源要求、不合格、超过使用年限（按照国家标准规定，燃气热水器、灶具、壁挂炉等自售出之日起，8年后不应再使用）的燃气燃烧器具；

④擅自改动室内的燃气管线、阀门、计量表等设施，或包封燃气管线；

⑤法律、法规规定的其他危害供用气安全的行为。

2. 甲方发现室内燃气设施异常、燃气泄漏、意外停气等故障或其他不安全隐患时，应随时向乙方报修。乙方应提供24小时报修值守服务；接到甲方关于室内燃气设施异常、燃气泄漏、意外停气报修时，乙方应不迟于甲方报修后____小时上门检查，其中对燃气泄漏的报修要立即安排人员上门核查、检修。

3. 乙方应采取多种方式开展经常性燃气安全使用宣传，指导甲方安全使用燃气。

4. 甲方应了解燃气安全使用常识，配合乙方实施安全巡检作业，并及时整改安全隐患，更换超过使用年限的燃气燃烧器具、连接管等设施设备。

5. 甲方对外出租、出借房屋时，应保证所提供的燃气设施和燃气燃烧器具符合安全要求，告知房屋使用人安全使用燃气的注意事项、本合同有关内容并应配合乙方的安全巡检作业。

第七条　双方其他权利义务

1. 乙方应在售气网点和营业场所等主动向甲方公示有关燃气安全、质量、收费标准和服务质量承诺。

2. 乙方应在非售气服务时段提供24小时应急购气服务。

3. 乙方因计划检修、更换设施等情况需临时调整供气量或暂停供气的，应提前48小时在甲方住宅单元门口或电梯口等明显位置予以公示。

4. 甲方需要改动燃气计量表及表前燃气管线、阀门等，应由乙方实施作业；甲方需要在燃气计量表后改动燃气管道、阀门及安装技防装置等，应由乙方或乙方委托的具有燃气燃烧器具安装维修资质的单位实施作业；甲方改动需求符合规范要求的，作业单位应于2个工作日内告知上门服务时间，并按双方约定时间实施作业，按公示价格收取费用，承担作业质量责任。

5. 甲方有下列情形并经劝阻无效的，乙方在履行书面告知义务后可采取限制或暂停供气措施。

①存在盗用燃气行为；

②拒绝乙方入户安全检查；

③拒不整改危及公共安全的燃气隐患；

④将生活用气擅自改为经营用气。

第八条 违约责任

1. 甲方因擅自拆改室内燃气设施、使用不符合安全要求的燃气燃烧器具、拒绝乙方入户安全检查、拒绝乙方提出的安全隐患整改建议等行为，导致发生燃气安全事故，给自身、其他用气人、乙方或公共利益造成损失的，除承担自身损失外，甲方还应承担相应赔偿责任。

2. 除自然灾害和战争等不可抗力外，乙方停气、调整供气压力未按本合同约定提前公示而给甲方造成直接经济损失的，乙方应承担相应赔偿责任。

3. 甲方擅自操作公用阀门造成乙方和其他用气人损失的，应承担赔偿责任。

4. 乙方未按照约定周期及作业内容进行安全巡检、发现甲方燃气设施和燃气燃烧器具存在安全隐患未向甲方书面告知，导致发生燃气安全事故，给甲方、其他用气人或公共利益造成损失的，乙方应承担相应赔偿责任。

5. 甲方出租、出借住房，但没有证据证明已向房屋使用人告知安全使用燃气的注意事项及本合同有关内容，对燃气事故应承担连带责任。

6. 甲方未按本合同约定缴纳燃气费用，经乙方书面催告后30日内仍未缴纳的，乙方在履行书面告知义务后可采取限制或暂停供气措施，并向甲方收取违约金，违约金标准为__________；甲方支付上述费用后，乙方应及时恢复供气。

第九条 其他约定

____

____

____

第十条 合同的生效及变更

本合同自签订之日起长期有效。用气人和供气人发生变化时，应及时告知对方，并与对方解除本合同，燃气费用一并结清。

第十一条 争议解决方式

本合同项下发生的争议，由双方协商解决；协商解决不成的，向______________人民法院提起诉讼或根据双方另行达成的仲裁协议申请仲裁。

第十二条　本合同一式两份，甲、乙双方各执一份，双方签字（盖章）后生效。

（以下无正文）

甲方：（签字）　　　　　　乙方：（盖章）

身份证号：　　　　　　　　燃气经营许可证号：

联系电话：　　　　　　　　营业执照证号（统一社会信用代码）：

通信地址：　　　　　　　　24 小时报修服务电话：

办公场所：

经办人：

签订日期：　　　年　　月　　日

BF—2012—0505　　　　　　　　　　　　　　　　　　合同编号：

北京市非居民天然气供用合同①

用气人：＿＿＿＿＿＿＿＿＿＿＿＿＿＿＿＿＿＿＿＿＿＿＿＿

供气人：＿＿＿＿＿＿＿＿＿＿＿＿＿＿＿＿＿＿＿＿＿＿＿＿

北京市市政市容管理委员会

北京市工商行政管理局

二〇一二年九月

使　用　说　明

1. 本合同为示范文本，由北京市市政市容管理委员会和北京市工商行政管理局共同制定，适用于本市行政区域内燃气供应企业与非居民用气人之间发生的经营性管道天然气供应、使用交易。

① 参见北京市人民政府网站：http：//www. beijing. gov. cn/ywdt/zwzt/htsfwb/，2019 年 12 月 20 日访问。

建筑物内燃气设施为多个产权人或承租人共有、共用的，供气人可以和各产权人或承租人共同委托的物业管理单位签订本合同。

2. 签订本合同前，用气人应当向供气人提交加盖公章的下列材料，并确保材料真实、准确：

（1）有效的主体资格证明文件；

（2）房屋所有权证或其他产权证明文件；

（3）用气人为承租人的，应当提供房屋租赁合同等证明文件，以及产权人允许其安装、使用或改造燃气设施的相关证明文件。

（4）供用气系统的竣工、验收资料，以及供用气系统及相关设施符合设计要求及技术规范的证明文件。

3. 本合同条款中的横线处均可由双方根据实际情况协商约定具体内容。对于未实际发生或双方未作约定的，应当在横线处划×，以示删除。□后为待选内容，应当以划√方式选定。

4. 双方可以根据实际情况约定本合同正本的份数，并在签订时认真核对，确保各份合同内容一致。

5. 有关名词、术语解释：

（1）用气人：具有用气需求并符合用气条件的单位。

（2）供气人：取得《北京市燃气经营许可证书》和《营业执照》的燃气供应企业。

（3）用户设施：用户燃气管道、软管、阀门及安全保障设施等。

（4）应急联络人：在供气人确需入户进行燃气设施巡检、维修、抢修或采取紧急避险措施等作业，但用气人不能及时到场或按照用气人预留的联系方式无法与其取得联系的前提下，由用气人预先确定的能够帮助供气人入户作业的联络人。

（5）基表：IC 卡燃气计量表的流量计，定义为显示实测流量值的流量测量装置。包括膜式表、涡轮流量计、腰轮流量计、旋进旋涡流量计等。

北京市非居民天然气供用合同

用气人（甲方）：______________________________

供气人（乙方）：______________________________

根据《中华人民共和国合同法》、《中华人民共和国计量法》、《城镇燃气管理条例》、《北京市燃气管理条例》等法律、法规的规定，双方在自愿、平等、公平、诚实信用的基础上，协商订立本合同。

第一条　用气手续

1. 甲方向乙方提出书面用气申请后，乙方应当查验甲方用气场所的供气条件及供用气系统、用气设施等是否合格。乙方查验合格后，应当为甲方办理有关用气手续。

2. 乙方为甲方办理用气手续时，应当与甲方签订本合同，并将收费项目、标准及依据告知甲方；乙方应当自本合同签订后____个工作日内予以供气。

第二条　用气地点、用气性质、用气设备情况

1. 用气地点：______________________________。

用气性质：☐ 生产用气　☐ 公共服务　☐ 发电　☐ 采暖　☐ 制冷

☐ 其他：______________________________

用户类别：

☐ 中央和国家机关及驻京部队办公楼、外交使领馆

☐ 学校

☐ 幼儿园、医院、敬老院等

☐ 市属党政机关办公楼

☐ 餐饮、娱乐等商业设施

☐ 工矿企业

☐ 其他：______________________________

2. 供用气数量：

供用气额定量：____________立方米/年（或立方米/月）。

供用气最小量：____________立方米/年（或立方米/月）。

双方依照《中华人民共和国计量法》，以共同确认的结算计量器具作为计算供用燃气数量的依据。

乙方根据供用气额定量安排供气。当甲方实际用气量高于供用气额定量或低于供用气最小量时，由双方协商后调整供气量。

3. 本合同签订时，用气场所燃气管道情况：

□ 未作改动

□ 甲方已经乙方确认后自行改动

□ 甲方委托乙方进行了改动

□ 其他：____________________________________

用气设备情况：

名称	型号	数量	安装时间	额定耗气量

燃气计量器具情况：

名称	型号	规格	数量	安装时间

室内公用燃气阀门设置情况：

□ 有公用阀门　　□ 无公用阀门

第三条　供气质量

乙方向甲方供应的天然气气质应当符合国家质量标准，供气压力为_____。

第四条　用气价格、计量及结算方式

1. 乙方按照价格管理部门批准的天然气价格收取燃气费。本合同履行期间，如遇价格管理部门调整燃气价格，则自批准文件规定之日起，按照新价格执行。

本合同签订时，

价格为________ 元/立方米；

价格为________ 元/立方米；

价格为________ 元/立方米；

价格为________ 元/立方米。

2. 双方约定，以________________ 为燃气费结算周期。

3. 乙方用抄表方式计量燃气费的，按照抄表通知提示的日期抄表，以燃气计量表的读数为依据结算每个计费周期的燃气费。乙方应当在抄表后____个工作日内向甲方派送付费账单。甲方接到乙方账单后，应当按照账单提示的期限、方式及金额缴费。

甲方如使用 IC 卡燃气计量表，应当按照乙方定期公告的预购气规定购买燃气。当 IC 卡燃气计量表的基表与 IC 卡控制器出现数据不同步时（基表故障除外），以基表计量为准。

4. 燃气费支付方式：☐ 转账　☐ 现金 ☐ 支票　☐ 其他：____________

第五条　燃气计量及计量器具的维护、更新

1. 乙方为甲方安装的燃气计量器具应当经质量技术监督部门或其指定的检定机构检定合格。对正在使用的燃气计量器具，乙方应当按照国家有关规定进行周期检定（如规定调整按照新规定执行）。经检定计量误差超过规定指标的，乙方应当在____个工作日内予以更换，甲方应当给予配合。

计量器具	表号表位	首检日期	检定周期

2. 乙方应当对超过使用周期的燃气计量器具进行更换，费用由乙方承担，甲方应当给予配合。

3. 双方对燃气计量器具的计量准确性有异议时，向双方认可的具有法定检定资质的计量检定机构申请检定。燃气计量器具经检定不符合标准的，检定费用由乙方承担，乙方同时负责维修或更换燃气计量器具；经检定符合标准的，检定费用由提出检定要求方承担。在申请检定期间，甲方仍应当按期足额缴纳燃气费，双方再根据检定结果退还或补缴错误计收部分的燃气费。

4. 因甲方原因造成燃气计量器具损坏或计量不准确的，甲方应当及时请求乙方更换并承担更换费用，由此计量误差给乙方造成的燃气费损失，甲方应当补足。

第六条　燃气设施安全、维护和管理责任

1. 甲乙双方按照燃气设施的安全、维护和管理责任分界点（下称“分界点”）承担相应的安全、维护和管理责任。

分界点为：____。

（1）从____________________至分界点之间的燃气设施管理、运行、维护、维修、更新改造等权利、责任及费用由乙方承担。

（2）从分界点至甲方户内用气设备之间的燃气设施管理、运行、维护、维修、更新改造等权利、责任及费用由甲方承担。

甲方可以委托乙方对相应的燃气设施进行管理、维护，委托范围、双方权利义务和有关费用由双方另行协商确定并签订补充协议，作为本合同附件。

2. 双方对燃气设施安全、维护和管理责任的其他约定：_______________
____。

3. 乙方免费对甲方负责管理的用户设施及用气设备安装、使用情况进行安全检查，并对甲方进行安全用气技术指导。安全检查周期为____________（每年不少于一次）。

4. 乙方实施安全检查前，应当提前告知安全检查时间，并安排专职人员上门检查。乙方人员应当主动出示有关证件，甲方应当配合乙方人员入户安全检查。

5. 乙方入户安全检查应当执行行业标准《城镇燃气设施运行、维护和抢修安全技术规程》第 3.5.2 条的规定，包括下列内容：

（1）确认用户设施完好；

（2）燃气管道不应被擅自改动或作为其他电器设备的接地线使用，应当无锈蚀、重物搭挂，连接软管应当安装牢固且不应超长及老化，阀门应当完好有效；

（3）用气设备应当符合安装、使用规定；

（4）不得有燃气泄漏；

（5）用气设备前燃气压力应当正常；

（6）计量仪表应当完好。

6. 安全检查后，乙方应当将检查结果书面告知甲方，甲方应当签字确认。

7. 安全检查周期内，甲方要求增加入户检查次数的，乙方应当按照甲方要求安排入户检查。甲方应当向乙方另行支付上门服务费____元/次。

第七条　甲方权利义务

1. 有权要求乙方按照合同约定提供天然气。

2. 应当按照合同约定的期限、方式和收费标准支付燃气费，并有权就燃气费明细向乙方进行查询。

3. 应当为乙方正常维护燃气计量表和抄表工作提供便利。

4. 应当安排人员接受乙方的技术指导，熟练掌握燃气设施、用气设备的使用说明，并严格按照《安全用气指导手册》（附件一）操作使用设备。因甲方未按照上述规定使用燃气设施或用气设备所造成的损失和责任，由甲方承担。

5. 对自用燃气设施、用气设备按照《安全用气指导手册》进行日常管理、维护，对超出使用年限、存在安全隐患的燃气设施、用气设备应当及时更新、改造；接到乙方发出的燃气设施、用气设备隐患整改通知后，应当及时采取措施消除隐患，并有权要求乙方提供必要指导。

6. 不得擅自操作室内公用燃气阀门；不得擅自安装、改装、迁移、拆除室内燃气设施；需安装、改装、迁移、拆除室内燃气设施的，应当委托乙方实施作业。自行安装、改装、迁移、拆除室内燃气设施的，应当对产生的后果承担责任。

7. 不得擅自改变用气性质。有变更燃气用途、改装、拆除、过户或变更用气量、变更用气设备、暂停用气、中止用气等事项时，应当向乙方办理相关手续。

8. 发现室内燃气设施、用气设备有异常、泄漏等情况时，应当立即向乙方报修。

9. 对乙方根据市人民政府决定采取的控制供气措施予以配合。

10. 政府对乙方采取接管的，甲方应当配合与第三方签订新合同。

11. 应当按照《北京市消防条例》的规定在用气场所安装燃气浓度检测报警装置。

12. 应当遵守燃气设施、用气设备安全使用规定，履行《城镇燃气管理条例》、《北京市燃气管理条例》及本合同明确的其他义务。

第八条　乙方权利义务

1. 除本合同另有约定外，应当向甲方持续、稳定、安全供应符合国家质量标准的天然气。

2. 应当建立用户档案，向甲方发放《安全用气指导手册》，指导甲方安全、节约用气，对甲方燃气及用气设备使用、燃气设施运行状况和安全管理设施定期进行安全检查；监督甲方采取有效措施保证安全用气，发现甲方有危害燃气设施安全、违反规定使用燃气等行为的，有权劝阻、制止，将甲方行为记入用户档案，并向燃气行政执法部门举报。

3. 应当自收到甲方查询燃气费明细申请之日起 5 日内予以答复。

4. 甲方擅自改变用气性质的，乙方有权通知甲方改正；拒不改正的，可以采取暂停供气措施，并有权向甲方追缴相关费用。

5. 发现甲方燃气设施或用气设备存在安全隐患，乙方书面告知后甲方仍不采取有效整改措施并危及公共安全的，乙方有权在提前告知后，对甲方采取暂停供气措施。

6. 不得擅自暂停供气或降低供气压力。因工程施工、设施检修等情况确需暂停供气或降低供气压力的，应当提前 48 小时采用公告或书面通知等形式告知甲方。

7. 遇不可抗力或燃气设施抢修等紧急情况需临时中断供气的，应当及时通知甲方，并采取积极有效的抢修措施，尽快恢复正常供气。恢复供气前，应当及时通知甲方。

8. 应当安排人员 24 小时值守接受报修，并按照承诺时限进行现场处置。

报修电话号码为：____________________。

9. 应甲方要求对安全隐患整改提供必要帮助；对甲方用户设施及用气设备安全隐患整改情况进行复检，并将复检结果书面通知甲方。

10. 甲方室内有公用燃气阀门的，乙方应当设立永久性警示标志，并告知甲方不得擅自操作公用燃气阀门。

11. 政府有关部门依法对甲方采取停业、停产处理的，乙方可以配合采取停止供气措施；

12. 履行《城镇燃气管理条例》、《北京市燃气管理条例》及本合同明确的其他义务。

第九条　违约责任

1. 甲方未按时足额缴纳燃气费，除须按照合同约定缴纳燃气费本金外，还应当自逾期之日起按照中国人民银行公布的同期贷款利率标准向乙方支付违约金。经乙方书面催缴，甲方在催告期限届满仍未缴纳燃气费和违约金的，乙方有权对甲方采取限制供气或暂停供气措施。

2. 除本合同另有约定，乙方未按照合同约定提供天然气的，__________。

3. 由于乙方原因造成供气责任事故，导致甲方人身伤害或财产损失的，乙方应当承担相应的赔偿责任。因自然灾害、政府行为等不可抗力发生的天然气供应事故造成甲方损失的，根据不可抗力的影响，部分或全部免除乙方责任。

4. 除甲方不予配合的原因外，乙方未按照规定周期及内容入户进行安全检查、发现甲方燃气设施和用气设备存在安全隐患后未向甲方书面告知，造成甲方、他人或公共利益损失的，应当承担相应的赔偿责任。

5. 甲方因擅自拆改室内燃气设施、未按照合同约定或违反相关法律法规规定用气、拒绝乙方入户作业和安全检查、拒绝乙方提出的设施隐患整改建议等行为，造成自身、他人、乙方或公共利益损失的，除承担自身损失外，还应当承担相应的赔偿责任。

6. 其他违约责任：____。

第十条　合同的变更

1. 房屋产权关系或房屋承租关系发生变更时，甲方应当及时书面告知乙方，并与乙方解除本合同，燃气费用及相关费用一并结清。

2. 本合同如有未尽事宜，或因用气性质、供用气量、燃气价格等合同主要条款发生变更或其他供用气情况发生变更，或甲方对安全检查、供气服务等有特殊要求且乙方具备实施条件，需修改本合同有关条款的，经双方协商一致可另行签订补充协议作为本合同附件。

第十一条　合同的生效

本合同自双方签字、盖章之日起生效，有效期为____年，自____年____月____日至____年____月____日。合同有效期届满，如双方对合同延续均无书面异议，本合同自动延续______年。

第十二条　争议解决方式

本合同项下发生的合同争议，由双方协商解决；协商解决不成的，按照以下第____方式处理：

1. 向________________人民法院提起诉讼；

2. 向__________________________仲裁委员会申请仲裁。

第十三条　其他约定

____

____。

本合同正本一式____份，甲方____份，乙方____份。本合同正文及附件、补充协议等均为本合同组成部分，具有同等法律效力。

本合同约定事项为基本要求，法律、法规、规章和标准、规范对合同内容另有强制性规定的，从其规定。

用气人（签章）：　　　　　　　　供气人（签章）：

法人登记证书号：	营业执照号：
组织代码证书号：	燃气经营许可证号：
法定代表人：	法定代表人：
委托代理人（签字）：	委托代理人（签字）：
通信地址：	通信地址：
联系电话：	联系电话：
应急联络人：	应急联络人电话：
年　月　日	年　月　日

附件一：《安全用气指导手册》

GF—1999—0502

城市供用气合同①

（示范文本）

合同编号：______

签约地点：______

签约时间：______

供气人：____________

用气人：____________

为了明确供气人和用气人在燃气供应和使用中的权利和义务，根据《中华人民共和国合同法》、《城市燃气管理办法》、《城市燃气安全管理规定》等法律、法规和规章，经供气人与用气人双方协商，签订本合同，以便共同遵守。

第一条　用气地址、种类、性质和用气量

（一）用气地址为________________________（用气人燃气用具所在地的地址、用气贮气设备所在地的地址、燃气供应站的地址等）。

（二）用气种类为____________。

（三）用气性质为____________。

（四）用气数量

1. 用气量：____________立方米/年（吨/年）；____________立方米阴（吨/月）；____________立方米旧（吨/日）。

① 参见中华人民共和国住房和城乡建设部网站：http：//www. mohurd. gov. cn/wjfb/200611/t20061101_157021. html，2019 年 12 月 20 日访问。

2. 用气调峰的约定：____。

第二条　供气方式和质量

（一）供气方式

1. 供气人通过管道输送方式；瓶组供气方式；瓶装供气方式；或者____________设施，向用气人供气。

2. 燃气供应时间约定：24 小时连续供气；自______时起至________时止；或者__________。

（二）供气质量

1. 供气人所供燃气气质应当执行“天然气—Sy7514 ”；“人工煤气—GBl3612”；“液化气—GBlll74”标准。

2. 根据用气人用气性质，双方约定执行下述质量指标：______________。

3. 供气人保证在______________前气压大于等于______________千（兆）帕。

第三条　用气的价格、计量及气费结算方式

（一）供气人根据用气人的用气性质和种类，按照________________政府____________（部门）批准的燃气价格：天然气____________元/立方米；人工煤气_____________元/立方米；液化石油气_____________元/吨（元/立方米）收取燃气费。

在合同有效期内，遇燃气价格调整时，按照调价文件规定执行。

（二）供用燃气的计量、气费结算方式

1. 供用燃气的计量器具为：______________燃气计量表；____________IC 卡燃气计量：____________衡：或者____________。

结算用计量器具须经当地技术监督部门检定、认定。

2. 供用燃气的计量

供、用气双方以管道燃气计量器具的读数为依据结算；瓶装燃气以供气人供应站检斤计量为依据结算；或者以____________为依据结算。

3. 结算方式

用气人于每月____________日前采取：通过银行方式交费；到供气人供应站交费；采取____________方式交费；供气人到用气场所收费。

第四条　供、用气设施产权分界与维护管理

（一）供、用气设施产权分界点是：________________________________

____。

（二）产权分界点（含）逆燃气流向的输、配气设施由供气人负责维护管理；产权分界点顺燃气流向的输、配气设施至燃气用气器具由用气人负责维护管理，或者有偿委托供气人维护管理。

第五条　供气人的权利和义务

（一）依照法律、法规和规章的规定，对用气人的用气设施运行状况和安全管理措施进行安全检查，监督用气人采取有效方式保证安全用气。

（二）监督用气人在合同约定的数量、使用范围内使用燃气，有权制止用气人超量、超使用范围用气。

（三）用气人逾期不交燃气费，供气人有权从逾期之日起向用气人收取滞纳金。

（四）用气人用气设施或者安全管理存在不安全隐患、可能造成供气设施损害时，或者用气人在合同约定的时限内拒不交燃气费的，供气人有权中断供气。

（五）供气人因供气设施计划检修、临时检修、依法限气或者用气人违法用气等原因，需要中断供气时，应提前72小时通过媒体或者其他方式通知用气人。因不可抗力原因中断供气时，供气人应及时抢修，并在2小时内通知用气人。

（六）有义务按照合同约定的数量、质量和使用范围向用气人供气。

第六条　用气人的权利和义务

（一）监督供气人按照合同约定的数量和质量向用气人提供燃气。

（二）有权要求供气人按照国家现行规定，对燃气计量器具进行周期检定。

（三）用气设施发生故障或者存在不安全隐患时，有权要求供气人提供（有偿、无偿）用气设施安全检查和维护保养的服务。

（四）按照合同约定交燃气费。

（五）按照合同约定的数量和使用范围使用燃气。

（六）未经供气人许可，不得添装、改装燃气管道，不得更动、损害供气人的供气设施，不得擅自更换、变动供气计量装置。

第七条　违约责任

（一）供气人的违约责任

1. 供气人未按照合同约定向用气人供气，应当向用气人支付正常用气量燃气费百分之____________的违约金。

2. 由于供气人责任事故，造成的停气、气压降低、质量事故，给用气人造成损失的，供气人应当承担赔偿责任。

3. 供气人在检修供气设施前未通报用气人，给用气人造成损失的，供气人应当承担赔偿责任。

4. 由于不可抗力的原因或者政府行为造成停气，使用气人受到损失的，供气人不承担赔偿责任。

（二）用气人的违约责任

1. 用气人未按照合同约定使用燃气，应当向供气人支付百分之____________的违约金。

2. 用气人未按期交燃气费的，还应当支付滞纳金。

3. 用气人未按照合同约定用气，给供气人造成损失的，用气人应当承担赔偿责任。

第八条　合同有效期限

合同期限为______年，从______年____月____日起至______年______月日止。

第九条　合同的变更

当事人如需要修改合同条款或者合同未尽事宜，须经双方协商一致，签订补充协定，补充协定与本合同具有同等效力。

第十条　争议的解决方式

本合同在履行过程中发生的争议，由双方当事人协商解决，协商不成的，按下列第__________种方式解决：

（一）提交____________仲裁委员会仲裁；

（二）依法向人民法院起诉。

第十一条 其他约定

供气人：

（盖章）

住 所：

法定代表人（签字）：

委托代理人（签字）：

开户银行：

账 号：

电 话：

用气人：

（盖章）

住 所：

法定代表人（签字）：

委托代理人（签字）：

开户银行：

账 号：

电 话：

江苏省市场监督管理局 江苏省住房和城乡建设厅关于印发《江苏省管道燃气供用气合同（示范文本）》、《江苏省瓶装液化石油气非居民供用气合同（示范文本）》的通知[①]

各设区市市场监管局及苏州工业园区、张家港保税区市场监管局，各设区市住房城乡建设局、无锡市市政园林局、南通市市政园林局：

为保障供、用气当事人的合法权益，引导和规范合同当事人签约、履约行为，根据相关法律、法规，江苏省市场监管局、江苏省住房和城乡建设厅联合制定了《江苏省管道燃气供用气合同（示范文本）》、《江苏省瓶装液化石油气非居民供用气合同（示范文本）》。现印发给你们，请认真做好合同示范文本的宣传推广工作，积极提倡和引导合同当事人使用合同示范文本，并做好合同档案管理等工作。各地在执行过程中如有问题和建议，请及时与江苏省市场监管局、江苏省住房和城乡建设厅联系。

附件：1.《江苏省管道燃气供用气合同（示范文本）》

2.《江苏省瓶装液化石油气非居民供用气合同（示范文本）》

① 参见江苏省市场监督管理局网站：http：//scjgj. jiangsu. gov. cn/art/2019/3/15/art_ 70311_ 8289566. html，2019 年 12 月 20 日访问。

附件 1

JSF－2019－0501

江苏省管道燃气供用气合同

（示范文本）

合同编号：

供气人（甲方）：________________________________

用气人（乙方）：□居民用户　　身份证号________________

　　　　　　　□非居民用户　统一社会信用代码：____________

根据《中华人民共和国合同法》、《中华人民共和国计量法》、《中华人民共和国城镇燃气管理条例》、《江苏省燃气管理条例》等法律、法规、规章的规定，经双方协商一致，订立本合同。

第一条　用气地址

用气地址：____________区__________路（街）________巷（小区）________栋______单元______室

或____

第二条　用气性质

本合同的用气性质为居民和非居民用管道燃气。

第三条　供气方式、供气种类及供气标准

（一）甲方通过管道输送方式向乙方供应燃气。

（二）用气种类为：□ 天然气　　　□ 液化石油气

（三）甲方所供燃气应符合国家标准。

第四条　用气调峰

调峰约定：______________________________________

第五条　计量器具

（一）计量表安装地点：____________________________

（二）计量表口径为：______________________________

（三）量程为：____________________________________

（四）计量气表类型：☐普通机械表　　☐IC 卡气表
☐普通机械 + 远传表　　☐其他________

（五）计量气表作为双方确定用气量的依据，应当符合国家技术规范，并经国家法定计量机构检定合格取得合格证。

第六条　安全用气

（一）甲方应告知乙方安全用气相关要求，乙方应承诺遵守（见附件二）。

（二）乙方为非居民用户的，应建立健全管道燃气安全使用管理制度，操作规程及事故应急预案。甲方应指导乙方建立健全安全用气管理制度、安全操作规程，事故应急预案等规章制度。

（三）乙方为非居民用户的，应指定专人负责管道燃气的使用与管理，企业负责人及相关使用人员应掌握正确的使用方法及事故应急处置方法。甲方应对上述人员进行指导、培训。

第七条　设施维护与更新

（一）燃气计量表设置在居民住宅内的，维护更新边界为：燃气计量表。

（二）燃气计量表设置在居民住宅公共部位的，维护更新边界为：燃气管道进户墙内侧。

（三）非居民用户的维护更新约定边界为：________________。

（四）甲方负责维护边界前的燃气设备设施。

（五）乙方负责维护边界后的燃气设备设施。

（六）乙方应按甲方的提示，及时采取有效措施做好用气设施的保护。

第八条　安全检查

（一）甲方应按规定每两年对居民用户户内燃气设施进行一次安全检查。

（二）甲方应每年对非居民用户燃气设施进行一次安全检查。

（三）乙方应配合甲方的安全检测。甲方发现乙方违反安全用气规定的，应当书面告知乙方，乙方应及时整改。

第九条　气费结算

（一）乙方可选择以下任一种方式，确定当期用气量：

☐由甲方抄表确定，乙方应配合甲方。甲方若未能见表抄录读数，可以根据乙方以往燃气用量的记录估算用量，按照“多退少补”的原则与用户结算。乙方对估算的数值提出疑义的，甲方应及时予以核对。

□IC 卡气表。气费缴纳采用预付费方式，按照阶梯气价收取用气费。双方确认的计量周期为________。

（二）甲方应在抄表后____个工作日内通知乙方缴纳燃气费。乙方应在抄表后____日内（不宜少于 10 日）到甲方营业厅缴费或通过指定的银行、一卡通等方式缴费。如果乙方未能如期缴费，甲方应向乙方发出催缴单。

（三）甲方代收的行政性收费，乙方应随同基本气费一并向甲方缴纳。

第十条　供气价格

（一）供气价格：按照物价部门批准的供气分类及价格标准收取（见附件一）。

（二）调整气价时，甲方应在调价文件发布后一周内进行公告，同时及时抄表结算调价前的燃气费。

第十一条　缴费方式

□银行代扣　　□微信　　□支付宝　　□现金　　□其他__________

第十二条　停气

甲方不得擅自暂停供气或者降低燃气压力。确需暂停供气或者降低燃气压力的，应在 48 小时前采用公告等形式告知乙方。甲方遇不可抗力或者燃气设施抢修等紧急情况，应及时通知乙方，并采取不间断的抢修措施，直至恢复正常供气。恢复供气前，甲方应及时通知乙方。

第十三条　咨询、投诉与报修

甲方应设立专门服务电话________，每天 24 小时受理乙方的咨询、投诉和报修。甲方接到乙方投诉和报修诉求后，应按《江苏省城镇燃气服务质量标准》规定及时处理。

第十四条　不可抗力

不可抗力是指合同当事人在签订合同时不可预见，在合同履行过程中不可避免且不能克服的自然灾害和社会性突发事件。合同一方当事人遇到不可抗力事件，应立即通知合同另一方，说明不可抗力的详细情况，并提供必要的证明。不可抗力引起的后果及造成的损失由合同当事人各自承担。不可抗力发生后，合同当事人均应采取措施尽量避免和减少损失，任何一方当事人没有采取有效措施导致损失扩大的，应对扩大的损失承担责任。

第十五条　合同期限

本合同起止时间为：______年____月____ 日至______年____ 月____ 日。合同到期后，如双方未签订新的协议，本合同自动延续。

第十六条　查询与送达

（一）甲方的联系方式

通讯地址：______________________ 邮编：________ 传真：__________

热线电话：__________公司网站（及网上营业厅）：__________________

微信公众号：____________

（二）乙方的联系方式

通讯地址：______________________邮编：________ 电话：___________

移动电话：__________电子邮箱：__________ 其他：__________________

（三）甲方提供给乙方的查询、告知、提示、通知、公告等信息服务事项，可选用（必须确定一种电子送达方式）：

□手机短信　□微信　□网上营业厅　□客户中心

□公共媒体　□乙方小区物业公告栏　□乙方所在小区入户通道处

□文件快递方式向乙方送达　□其他______________________________

（四）甲方应就可能影响乙方生产、生活的事项及时告知乙方。

第十七条　合同的生效与终止

本合同自双方签字或盖章之日起生效，至法定终止情况出现时，本合同自行终止。

第十八条　合同的变更

（一）双方如需变更本合同（第二款的情况除外），须经双方协商一致，签订补充协议。

（二）因法律、法规、规章的颁布及行政机关发布文件，需要对本合同约定的条款进行变更的，双方不再另行签订补充协议。甲方应对变更事项进行通知。

（三）乙方需要变更合同内容的，应由乙方持相关有效证明材料到甲方处办理，由此产生的费用由乙方承担。

第十九条 违约责任

（一）甲方违反本合同的约定，给乙方造成损失的，甲方应承担赔偿责任。

（二）乙方违反本合同的约定，给甲方造成损失的，乙方应承担赔偿责任。

（三）乙方逾期不支付气费的，甲方应书面催告，乙方应补缴气费，每逾期一日还应支付欠缴气费金额同期同档贷款利率 1.3 倍的违约金。经甲方催告后，乙方仍未按催告规定的期限缴纳气费的，甲方可以停止供气。乙方缴纳所欠费用后，甲方应__ 小时内恢复供气。

（四）乙方违反燃气安全使用规定，存在安全隐患，未采取措施改正的，甲方可以停止供气。甲方可以将相关情况报当地征信管理部门备案。

（五）对气表的计量的准确性产生争议时，应由具有鉴定资质的第三方机构进行鉴定。如经鉴定计量误差超过国家规定范围，相关费用由甲方承担，反之由乙方承担。鉴定期间，乙方应按时缴纳气费，待鉴定结果出具后，再行退补气费。

（六）甲、乙双方违反本合同之约定的行为，均属违约行为，都要承担相应的责任。

第二十条 争议的解决方式

本合同发生争议时，由双方当事人协商解决，或由相关行政主管部门、消费者协会进行调解。协商、调解不成的，双方同意按照下列第__种方式处理：

（一）向____________________人民法院起诉。

（二）向____________________仲裁机构申请仲裁。

第二十一条 附件

（一）本合同未尽事项，依照有关法律、法规、行业规范的规定执行。甲方与乙方签订的补充协议及其他确认文件，均构成本合同的附件。

（二）本合同一式两份，双方各执一份，各份具有同等法律效力。

供气人（甲方）签章：	用气人（乙方）签章：
委托代理人：	委托代理人：
年 月 日	年 月 日

附件一

________管道燃气价格表

______年____月____日

项目 类别		标准	到户价	气价构成				用气行业分类
生活用气	第一阶梯							
	第二阶梯							
	第三阶梯							
	第四阶梯							

附件二

燃气用户承诺书

____________________（企业、单位/个人名称）承诺遵守如下规定：

《城镇燃气管理条例》第二十七条

燃气用户应当遵守安全用气规则，使用合格的燃气燃烧器具和气瓶，及时更换国家明令淘汰或者使用年限已届满的燃气燃烧器具、连接管等，并按照约定期限支付燃气费用。

单位燃气用户还应当建立健全安全管理制度，加强对操作维护人员燃气安全知识和操作技能的培训。

《江苏省燃气管理条例》第三十一条

燃气用户应当遵守下列规定：

（一）按照规定安全使用燃气；

（二）管道燃气用户应当使用与当地燃气相适配的燃气器具，不得安装、使用国家明令淘汰的燃气器具；

（三）不得盗用或者转供燃气、损坏燃气设施；

（四）不得用燃气管道作为负重支架或者接地引线；

（五）不得擅自拆卸、安装、改装燃气设施或者进行危害室内燃气设施安全的装饰、装修等活动；

（六）不得违反安全规范的要求拆卸、安装、改装燃气器具；

（七）不得加热、摔砸、倒卧、曝晒燃气气瓶或者改换气瓶检验标志、漆色；

（八）不得倾倒燃气残液或者用气瓶相互倒灌；

（九）发现燃气泄漏等情况及时向燃气经营企业或者有关部门报告；

（十）配合燃气经营企业工作人员进行安全检查、抄表等业务活动。

承诺人签名：

日期：　　　年　　　月　　　日

附件2

JSF－2019－0502

江苏省瓶装液化石油气非居民供用气合同

（示范文本）

合同编号：

甲方（供气人）：________________

统一社会信用代码：________________

乙方（用气人）：________________

统一社会信用代码：________________

根据《中华人民共和国合同法》、《中华人民共和国计量法》、《中华人民共和国城镇燃气管理条例》、《江苏省燃气管理条例》等法律、法规、规章的规定，经双方协商一致，订立本合同。

第一条　用气地址

用气地址：________________

第二条　用气性质

本合同的用气性质为商用、工业用瓶装液化石油气。

第三条　燃气质量

甲方应向乙方供应符合国家质量标准的液化石油气。

第四条　用气场所

乙方不得在地下或半地下场所及其他不符合安全规定的场所储存或使用液化气。乙方搬迁、改造、变更液化气使用场所，应当通知甲方到场查勘，甲方确定符合安全用气条件的，才能使用液化气。

第五条　用气设备

（一）甲方设备

（1）甲方免费向乙方提供液化石油气瓶，并收取气瓶押金如下：

YSP12　液化气瓶______元/只，使用____只，收押金______元。

YSP23.5　液化气瓶______ 元/只，使用____ 只，收押金______ 元。

YSP35.5　液化气瓶______ 元/只，使用____ 只，收押金______ 元。

YSP118　液化气瓶______ 元/只，使用____ 只，收押金______ 元。

总计收押金__________ 元。

（2）收取押金后，甲方应向乙方出具押金收据。

（3）乙方退户时应将与最近一次换气记录相符的气瓶退回甲方指定供应站（点），甲方供应站（点）验收后为乙方出具验收证明。乙方凭□气瓶押金收据□本合同到甲方指定地点退回气瓶押金。

（4）甲方应向乙方提供符合国家安全技术要求的液化石油气瓶，不得提供无条形码标识、无警示标签、无充装标识、过期或者报废的气瓶。

（5）甲方负责气瓶的维护和保养。

（6）乙方应按照国家液化石油气安全使用规定，使用液化石油气气瓶，如发现气瓶存在质量问题或故障，应及时通知甲方，由甲方在________（小时）内负责更换、修理。乙方不得自行或委托甲方以外的第三人维修、拆卸。

（7）乙方不得用甲方提供的气瓶，充装其他介质或充装其他企业的液化石油气。

（8）乙方不得遗失、转借、替换、损坏气瓶。

（二）乙方设备

（1）乙方负责减压器、密封圈、连接软管、燃气燃烧器具等的选择及维护保养。减压器正常使用期限为 5 年，密封圈正常使用期限为 3 年，连接软管正常使用期限为 18 个月，到期或有异常应当立即更换并做好记录。

（2）甲方应指导乙方正确选择减压器、密封圈、连接软管、燃气燃烧器具。

（3）甲方应对乙方的用气设备进行安全测试。

第六条　安全用气

（一）甲方应告知乙方安全用气有关要求，乙方应承诺遵守（见附件一）。

（二）乙方应建立健全液化气安全使用管理制度，操作规程及事故应急预案。甲方应指导乙方建立健全安全用气管理制度、安全操作规程，事故应急预案等规章制度。

（三）乙方应指定专人负责液化气的使用与管理，企业负责人及相关使用人员应掌握正确的使用方法及事故应急处置方法。甲方应对上述人员进行指导、培训。

第七条　安全检查

（一）甲方应定期对乙方的用气情况及设备进行安全检查，对不符合安全用气规定的应立即提出整改意见，并协助乙方整改，乙方不能达到安全用气标准的，甲方应停止供气。

（二）乙方应接受主管部门及委托机构和甲方的定期、不定期安全检查。

第八条　预约送气

（一）送气服务为免费服务项目。

（二）乙方于当日____时前预约的，甲方应于当日____时前送达。乙方于当日____时至次日____时期间预约的，甲方应于次日____时前送达。

第九条　供气价格

（一）甲乙双方应按当地物价部门核准的挂牌价格或通过协商确定供气价格。

（二）本合同确定的供气价格为：________________________________。

第十条　气费结算

（一）甲方应在每次气费结算时向乙方提供发票。

（二）甲乙双方同意按下列方式进行气费结算。

□气到付款，当时结算。

□乙方预付款，根据乙方用气数量，按本合同确定的价格结算乙方气费，从预付款中扣除，乙方应及时补充余额，余额不够结算时甲方不予供气。

□乙方购买甲方气票，在收货时，向甲方支付气票。

□每月结算一次，每月____ 日为结算日，次月____ 日前结清气款。

□其他结算方式：________________________________。

（三）乙方应按照合同约定的数额、方式和期限，及时向甲方支付气费。

第十一条　投诉与报修

（一）甲方应设立专门服务电话______，每天 24 小时受理乙方的咨询、投诉、送气和报修。

（二）接到乙方报修后，甲方应____小时内到现场排除液化气使用故障。

第十二条　不可抗力

不可抗力是指合同当事人在签订合同时不可预见，在合同履行过程中不可避免且不能克服的自然灾害和社会性突发事件。在本合同执行期间，如遇不可抗力，合同双方应及时通知对方，说明不可抗力的详细情况，并提供必要的证明，不可抗力引起的后果及造成的损失由合同当事人各自承担。不可抗力发生后，合同当事人均应采取措施尽量避免和减少损失，任何一方当事人没有采取有效措施导致损失扩大的，应对扩大的损失承担责任。

第十三条　合同期限

本合同期限为：______年______月____日至______年____月____日。合同到期后，如双方未签订新的协议，本合同自动延续。

第十四条　查询与告知

（一）甲方联系方式

通讯地址________________________邮编：________传真：__________

热线电话：__________公司网站（及网上营业厅）：________________

微信公众号：____________

（二）乙方联系方式

通讯地址________________________邮编：________电话：__________

移动电话：__________电子邮箱：__________其他：________________

（三）甲方提供给乙方的查询、告知、提示、通知、公告等信息服务事项，可选用（必须确定一种电子送达方式）：

□手机短信　□电子邮箱　□微信　□网上营业厅　□客户中心

□公共媒体　□文件快递方式向乙方送达　□其他__________________

（四）甲方应就可能影响乙方生产、生活的事项及时告知乙方。

第十五条　合同的生效与终止

（一）本合同自双方签字或盖章之日起生效，至法定终止情况出现时，本合同自行终止。

（二）乙方退户时，本合同自行终止。

（三）发生第十七条相关约定时，本合同终止。

第十六条 合同的变更

（一）双方如需变更本合同（第二款的情况除外），须经双方协商一致，签订补充协议。

（二）因法律、法规、规章的颁布及行政机关发布文件，需要对本合同约定的条款进行变更的，双方不再另行签订补充协议。甲方应对变更事项进行通知。

（三）乙方需要变更合同内容的，应到甲方处办理，由此产生的费用由乙方承担。

第十七条 违约责任

（一）甲方违反本合同的约定，给乙方造成损失的，甲方应承担赔偿责任。

（二）乙方违反本合同的约定，给甲方造成损失的，乙方应承担赔偿责任。

（三）乙方逾期不支付气费的，甲方应书面催告，乙方应补缴气费，每逾期一日还应支付欠缴气费金额同期同档贷款利率1.3倍的违约金。经甲方催告后，乙方仍未按催告规定的期限缴纳气费的，甲方可以按照法定程序停止供气。

（四）乙方违反液化石油气安全使用规定存在安全隐患，未采取措施改正的，甲方可以停止供气，甲方可以将相关情况报当地征信管理部门备案。

（五）甲、乙双方违反本合同之约定的行为，均属违约行为，都要承担相应的责任。

第十八条 争议的解决

本合同发生争议时，由双方当事人协商解决，或申请相关行政主管部门、消费者协会进行调解。协商、调解不成的，双方同意按照下列第____种方式处理：

（一）向____________________人民法院起诉。

（二）向____________________仲裁机构申请仲裁。

第十九条 附件

本合同未尽事项，依照有关法律、法规、行业规范的规定执行。甲、乙双方签订的补充协议及其他确认文件，构成本合同的附件。

第二十条　附则

本合同一式两份，双方各执一份，各份具有同等法律效力。

供气人（甲方）签章：　　　　　　　　用气人（乙方）签章：

委托代理人：　　　　　　　　　　　　委托代理人：

年　　月　　日　　　　　　　　　　　年　　月　　日

附件一

燃气用户承诺书

____________（企业、单位/个人名称）承诺遵守如下规定：

《城镇燃气管理条例》第二十七条

燃气用户应当遵守安全用气规则，使用合格的燃气燃烧器具和气瓶，及时更换国家明令淘汰或者使用年限已届满的燃气燃烧器具、连接管等，并按照约定期限支付燃气费用。

单位燃气用户还应当建立健全安全管理制度，加强对操作维护人员燃气安全知识和操作技能的培训。

《江苏省燃气管理条例》第三十一条

燃气用户应当遵守下列规定：

（一）按照规定安全使用燃气；

（二）管道燃气用户应当使用与当地燃气相适配的燃气器具，不得安装、使用国家明令淘汰的燃气器具；

（三）不得盗用或者转供燃气、损坏燃气设施；

（四）不得用燃气管道作为负重支架或者接地引线；

（五）不得擅自拆卸、安装、改装燃气设施或者进行危害室内燃气设施安全的装饰、装修等活动；

（六）不得违反安全规范的要求拆卸、安装、改装燃气器具；

（七）不得加热、摔砸、倒卧、曝晒燃气气瓶或者改换气瓶检验标志、漆色；

（八）不得倾倒燃气残液或者用气瓶相互倒灌；

（九）发现燃气泄漏等情况及时向燃气经营企业或者有关部门报告；

（十）配合燃气经营企业工作人员进行安全检查、抄表等业务活动。

承诺人签名：

日期：　　年　　月　　日

关于印发城市供水、管道燃气、城市生活垃圾处理特许经营协议示范文本的通知①

（建城〔2004〕162号）

各省、自治区建设厅，直辖市建委及有关部门：

为了施行《市政公用事业特许经营管理办法》，建设部组织有关专家，结合各行业的特点，制定了《城市供水特许经营协议示范文本》、《管道燃气特许经营协议示范文本》和《城市生活垃圾处理特许经营协议示范文本》（以下简称《示范文本》）。现予印发，供各地在实施特许经营制度时参考。

该《示范文本》主要体现了特许经营协议的原则性规定。各地在签订具体项目的特许经营协议时，应当根据当地和具体项目的实际情况，对《示范文本》规定的原则性内容进行细化。该《示范文本》不影响当事双方对协议的具体内容进行的自愿约定和协商。

希望各地对实施过程中发现的问题提出建议，并及时反馈建设部城市建设司，以不断完善特许经营制度。

---

① 参见中华人民共和国住房和城乡建设部网站：http：//www. mohurd. gov. cn/wjfb/200611/t20061101_157110. html，2019年12月20日访问。

附件：

1. 《城市供水特许经营协议示范文本》（GF－2004－2501）

2. 《管道燃气特许经营协议示范文本》（GF－2004－2502）

3. 《城市生活垃圾处理特许经营协议示范文本》（GF－2004－2505）

中华人民共和国建设部

二〇〇四年九月十四日

管道燃气特许经营协议示范文本

第一章　总　　则

1.1　为了规范___________城市、地区管道燃气特许经营活动，加强市场监管，保障社会公共利益和公共安全，根据建设部《市政公用事业特许经营管理办法》和___________（地方法规名称），由协议双方按照法定程序于_____年_____月_____日在中国__________省（自治区）__________市签署本协议。

1.2　协议双方分别为：经中国____________省（自治区）____________市（县）人民政府授权（注：该授权可以通过以下二种形式，1. 该人民政府发布规范性文件；2. 该人民政府就本协议事项签发授权书），中国__________省（自治区）__________市（县）人民政府__________局（委）（下称甲方），法定地址：__________，法定代表人：__________，职务：__________；和__________公司（下称乙方），注册地点：__________，注册号：________，法定代表人：__________，职务：__________，国籍：__________。

1.3　特许经营原则

甲乙双方应当遵循以下原则：

（1）公开、公平、公正和公共利益优先；

（2）遵守中国的法律；

（3）符合城市规划及燃气专业规划；

（4）使用户获得优质服务、公平和价格合理的燃气供应；

（5）有利于保障管道燃气安全稳定供应，提高管理和科技水平；

（6）有利于高效利用清洁能源，促进燃气事业的持续发展。

第二章　定义与解释

本协议中下列名词或术语的含义遵从本章定义的意义或解释。

2.1　中国：指中华人民共和国，仅为本协议之目的，不包括香港特别行政区、澳门特别行政区和台湾地区。

2.2　法律：指所有适用的中国法律、行政法规、地方性法规、自治条例和单行条例、规章、司法解释及其他有法律约束力的规范性文件。

2.3　燃气：是指供给民用生活、商业经营和工业生产等使用者使用的液化石油气、天然气、人工煤气及其他气体燃料。

2.4　管道燃气：以管道输送方式向使用者提供燃气。

2.5　管道燃气业务：提供管道燃气及相关服务的经营业务。

2.6　燃气管网设施：指用于输送燃气的干线、支线、庭院等管道及管道连接的调压站（箱）和为其配套的设备、设施。

2.7　市政管道燃气设施：市政规划红线外所有燃气管道设施。

2.8　庭院管道燃气设施：市政规划红线内所有燃气管道设施。

2.9　影响用户用气工程：是指如果出现下列情况，则视为影响用户用气的工程：

（1）造成____户以上用户供气中断或供气压力显著降低，影响用户使用____小时以上；

（2）阻碍主干、次干道路车辆和行人通行____小时以上；

（3）影响其他公共设施使用。

2.10　燃气紧急事件：涉及管道燃气需要紧急采取非正常措施的事件，包括燃气爆炸、着火和泄漏等。

2.11　特许经营权：是指本协议中甲方授予乙方的、在特许经营期限内独家在特许经营区域范围内运营、维护市政管道燃气设施、以管道输送形式向用户供应燃气，提供相关管道燃气设施的抢修抢险业务等并收取费用的权利。

2.12　不可抗力：是指在签订本协议时不能合理预见的、不能克服和不能避免的事件或情形。以满足上述条件为前提，不可抗力包括但不限于：

（1）雷电、地震、火山爆发、滑坡、水灾、暴雨、海啸、台风、龙卷风或旱灾；

（2）流行病、瘟疫；

（3）战争行为、入侵、武装冲突或外敌行为、封锁或军事力量的使用，暴乱或恐怖行为；

（4）全国性、地区性、城市性或行业性罢工；

（5）由于不能归因于乙方的原因造成的燃气质量恶化或供应不足。

2.13 日、月、季度、年：均指公历的日、月份、季度和年。

第三章 特许经营权授予和取消

3.1 特许经营权授予

（1）甲方与乙方签署本特许经营协议；

（2）本协议签署____日内，甲方向乙方发放特许经营授权书，并向社会公布。

3.2 特许经营履约担保

签订协议后____日内，乙方应向甲方提供双方能接受的信誉良好的金融机构出具的履约保函。以保证乙方履行本协议项下有关建设项目实施以及第9.4条规定的义务。履约保函金额__________。（履约保函金可根据特许经营范围内用户数、用气量和用气性质等当地具体情况由协议双方商定。）

3.3 特许经营权期限

本协议之特许经营权有效期限为______年，自______年____月____日起至______年____月____日止。

3.4 特许经营权地域范围

本协议之特许经营权行使地域范围为________现行行政管辖区域内，东起__________西至__________止；北起__________南至__________止。乙方不得擅自扩展特许经营权地域范围。（附件三、特许经营地域范围图示）

3.5 特许经营业务范围

本协议规定之特许经营权的业务范围：__________（包括以管道输送形式向用户供应天然气、液化石油气、人工煤气及其他气体燃料，并提供相关管道燃气设施的维护、运行、抢修抢险业务等。）

3.6 特许经营权转让、出租和质押

在特许经营期间，除非甲乙双方另有约定，乙方不得将本特许经营权及相关权益转让、出租和质押给任何第三方。

3.7 特许经营权的取消

乙方在特许经营期间有下列行为之一的，甲方应当依法终止特许经营协议，取消其特许经营权，并实施临时接管：

（1）擅自转让、出租特许经营权的；

（2）擅自将所经营的财产进行处置或者抵押的；

（3）因管理不善，发生特别重大质量、生产安全事故的；

（4）擅自停业、歇业，严重影响到社会公共利益和安全的；

（5）法律禁止的其他行为。

第四章 特许经营协议的终止

4.1 期限届满终止

特许经营期限届满时，特许经营协议自动终止。

4.2 提前终止

（1）因不可抗力或一方认为有必要时，经甲乙双方协商可以提前终止本协议，并签订提前终止协议。协商不能达成一致时，任何一方不得擅自提前终止本协议；

（2）因特许经营权被取消，双方终止执行本协议。

4.3 特许经营协议终止日

（1）特许经营期限届满日；

（2）提前终止协议生效日；

（3）特许经营权被取消日。

4.4 特许经营终止协议

（1）本协议因特许经营期限届满而终止，应在终止日180日前完成谈判，并签署终止协议；

（2）本协议因特许经营权被取消而终止的，甲乙双方应在终止____日前签署终止协议。

4.5 资产归属与处置原则

（1）谁投资谁所有；

（2）资产处置以甲乙双方认定的中介机构对乙方资产评估的结果为依据；

（3）乙方不再拥有特许经营权时，其资产必须进行移交，并按评估结果获得补偿。

第五章 燃气设施的建设、维护和更新

5.1 燃气设施建设

在本协议规定的区域范围内，乙方应根据城市规划和燃气专业规划的要求，承担市政燃气管道和设施的投资建设。

5.2 燃气设施建设用地

特许经营期间，乙方在甲方投资建设的燃气设施，所占土地为公用事业用地，乙方按照城市基础设施用地交纳有关税费。未经审批，乙方不得变更该土地用途性质，也不得将该土地使用权转让和抵押。

5.3 燃气设施运行、维修及更新

特许经营期间，乙方应按照国家标准和地方标准以及相关规定，负责燃气设施运行、维修及更新。

5.4 燃气设施征用及补偿

甲方因公共利益需要，依法征用燃气设施，乙方应予配合，甲方应给予乙方合理补偿。

第六章 供气安全

6.1 燃气安全要求

甲乙双方须严格遵守国家和地方有关安全的法律、法规、规章及政策性文件，乙方承诺燃气供应、运行、质量、安全、服务符合国家、行业和地方相关标准，依法对特许经营区域内的管道燃气供气安全、公共安全和安全使用宣传负责。

6.2 燃气安全制度

乙方应建立和完善安全生产责任制度，建立安全生产保证体系，保障燃

气安全和稳定供应、运行和服务，防止责任事故发生；对出现燃气事故和在事故期间，乙方应采取各种应急措施进行补救，尽量减少事故对用户和社会公众的影响，同时乙方必须按照国家有关安全管理规定向有关部门报告；乙方要加强燃气安全巡检，消除安全隐患，对危及燃气设施安全的案情应及时制止，并报告有关部门，同时应进行宣传、解释、劝阻和书面告知违反规定的单位或个人进行整改。对逾期不改的，书面向甲方或行政执法部门报告。甲方接到乙方报告后，应及时协调执法部门予以查处。

6.3　管道燃气设施安全预防

乙方应严格执行《城镇燃气设施运行、维护和抢修安全技术规程》的规定，严格运行、维护和抢修安全技术程序，对管道燃气设施和用户设施的运行状况及性能进行定期的巡检。必要时（发生自然灾害、重大安全事故等），乙方应对地下燃气管网进行安全质量评估，并将设施运行状况定期报告甲方。

乙方应在与用户签订的供用气合同中明确双方的安全责任。

6.4　强制保险

乙方应针对燃气设施安全、公共责任安全、用户安全购买维持适当的保险，并承担保险费用。

6.5　应急抢修抢险

乙方要建立应急抢修抢险救灾预案和相应的组织、指挥、设备、物资等保障体系并保证在出现事关燃气应急事故时，保障体系能够正常启动。乙方要建立管道燃气设施应急抢修队伍，提供24小时紧急热线服务。

6.6　燃气安全用气宣传

乙方应根据《城镇燃气设施运行、维护和抢修安全技术规程》的标准，向管道燃气用户提供各种形式安全检查、宣传的服务，解答用户的燃气安全咨询，提高公众对管道燃气设施的保护意识。

6.7　影响用户用气工程的报告

乙方在进行管道燃气设施维护或改造工程时，如果是影响用户用气的工程，应当在开展工程作业前______小时告知用户，并通过新闻媒体向用户和社会公众预告工程简况、施工历时、可能受影响的程度及区域等相关情况。

6.8　紧急事件的通知

乙方处理燃气紧急事件影响或可能影响范围较大的用户正常使用燃气时，乙方应在处理的同时报告甲方，并应以适当的方式告知受到或可能受到影响的用户。

第七章　供气质量和服务标准

7.1　供气质量

乙方应当建立质量保证体系，确保其向用户所供应的燃气质量、管输和灶前压力、燃烧热值、华白指数、燃气加臭等方面符合本协议附件四所规定的质量要求。

7.2　服务标准

乙方应当根据用户的实际需要向用户提供业务热线、用户维修服务网点、营业接待、定期抄表、设施安装检修等综合服务，并确保能够达到附件五所规定的标准。

第八章　收　　费

8.1　批准的价格

乙方管道燃气销售价格执行当地政府物价主管部门批准的销售价格向其服务范围内的用户收取费用。

乙方其他有偿服务价格标准须经当地政府物价主管部门另行批准。

8.2　燃气费计算

燃气气费的计算可按每立方米的单价乘以用气量计算，或采用热量单价计算。燃气费结算方式按照适用法律，实行周期抄表并结算燃气费。

8.3　价格调整程序

乙方因非乙方原因造成的经营成本发生重大变动时，可提出城市管道燃气收费标准调整申请。甲方核实后应向有关部门提出调整意见。

8.4　成本监管

甲方有权对管道燃气企业经营成本进行监管，并对企业的经营状况进行评估。

第九章　权利和义务

9.1　甲方权利

（1）甲方依照国家相关法律、法规及有关技术标准对乙方的特许经营业务进行监管；

（2）监督乙方实施特许经营协议内容，并可聘请中介机构对乙方的资产和经营状况进行评估，根据评估结果向乙方提出建议；

（3）享有审查乙方管道燃气五年规划和年度投资计划是否符合城市总体规划的权利；

（4）受理用户对乙方的投诉，进行核实并依法处理；

（5）法律、法规、规章规定的其他监管权利。

9.2　甲方义务

（1）维护特许经营权的完整性，在特许经营期间，甲方不得在已授予乙方特许经营权地域范围内，再将特许经营权授予第三方；

（2）维护特许经营范围内燃气市场秩序；

（3）为乙方的特许经营提供必要的政策支持和扶持；

（4）制订临时接管乙方管道燃气设施及运行预案，保证社会公众的利益；

（5）法律、法规及本协议规定的其他义务。

9.3　乙方权利

（1）享有特许经营权范围内的管道燃气业务独家经营的权利；

（2）拥有特许经营权范围内的管道燃气的投资、发展权利；

（3）维护燃气管网安全运行的权利；

（4）对用户燃气设施不符合国家有关安全技术标准以及存在安全隐患的，或者对严重违反燃气供用气合同或违法使用燃气的用户拒绝供气的权利；

（5）法律、法规及本协议规定的其他权利。

9.4　乙方义务

（1）制订管道燃气发展的远、近期投资计划，按照城市总体规划及燃气专业规划的要求组织投资建设；

（2）按照国家、行业、地方及企业标准提供燃气及相关服务；

(3) 维护燃气管网设施正常运行，保证供气连续性。发生故障或者燃气安全事故时，应迅速抢修和援救；

(4) 有普遍服务和持续经营义务，未经甲方同意，不得擅自决定中断供气、解散、歇业；

(5) 接受甲方的日常监督管理及依照法律、法规、规章进行的临时接管和其他管制措施和社会公众的监督；

(6) 乙方有义务且必须就由于建设、运营和维护市政管道燃气设施而造成的环境污染及因此而导致的任何损害、费用、损失或责任，对甲方予以赔偿。但若所要求的损害、费用、损失或责任是由甲方违约所致或依本协议乙方不承担责任的环境污染除外；

(7) 乙方必须将有关市政管道燃气设施设计、建设和运行的所有技术数据，包括设计报告、计算和设计文件、运行数据，在编制完成后立即提交给甲方，以使甲方能监督项目设施的设计、建设进度和设施的运行；

(8) 在特许经营权被取消或终止后，应在授权主体规定的时间内，保证正常供应和服务的连续性。在移交用于维持特许经营业务正常运作所必需的资产及全部档案给授权主体指定的单位时，对交接期间的安全、服务和人员安置承担全部责任。

9.5 定期报告

乙方在特许经营期间，应当对下列事项向甲方做出定期报告：

(1) 乙方应于每年的______月______日前向甲方提交上一年度的特许经营报告（内容包括特许经营资产情况、发展、管理、服务质量报告、经营计划的执行情况和企业基本状况等）、特许经营财务报告；

(2) 乙方应于每年______月前向甲方提交上一年度的管道燃气质量检测报告；

(3) 乙方应于每年______月前向甲方提交本年度管道燃气发展、气量、投资项目计划报告，年度经营计划。

9.6 临时报告

乙方应当在下列事项出现后十日内向甲方提交书面备案报告：

(1) 乙方制订远期经营计划（如五年或十年经营计划）；

（2）乙方董事、监事、总经理、副总经理、财务总监、总工程师等高级管理人员确定或发生人员变更；

（3）乙方的股东或股权结构发生变化；

（4）乙方董事会、监事会作出的有关特许经营业务的决议；

（5）乙方签署可能对公司特许经营业务有重大影响的合同、协议或意向书；

（6）发生影响燃气价格、安全、技术、质量、服务的重大事项；

（7）其他对公司特许经营业务有重大影响的事项。

第十章　违　　约

10.1　赔偿责任

协议任何一方违反本协议的任一约定的行为，均为违约。违约方承担赔偿责任，包括对方因违约方的违约行为导致的向第三方支付的赔偿。

非违约方应当最大程度地减少因违约方违约引起的损失。

如部分损失是由于非违约方作为或不作为造成的，则应从获赔金额中扣除因此而造成的损失。

10.2　提前告知

乙方在知道或应该知道自己不再具备履行本协议能力时，应提前以书面形式向甲方告知自己真实情形，并协助甲方执行临时接管预案。乙方未及时通知甲方，造成损失或重大社会影响的，乙方及乙方责任人应承担相应法律责任。

10.3　合理补救

甲方认为乙方有致使其特许经营权被取消的行为时，应以书面形式向乙方告知，并应给予书面告知日后____日的补救期。乙方应在补救期内完成纠正或消除特许经营障碍，或在该期内对甲方的告知提出异议。甲方应于接到异议后____日内重新核实情况，并做出取消或不取消决定。

第十一章　不可抗力

11.1　不可抗力免责

由于不可抗力事件不能全部或部分履行其义务时，任何一方可中止履行其在本协议项下的义务（在不可抗力事件发生前已发生的应付未付义务除外）。

如果甲方或乙方按照上款中止履行义务，其必须在不可抗力事件结束后尽快恢复履行这些义务。

11.2　对不可抗力免责的限制

以下各项事件不构成不可抗力：

（1）因正常损耗、未适当维护设备或零部件存货不足而引起的设备故障或损坏；

（2）仅仅导致履约不经济的任何行为、事件或情况。

11.3　提出不可抗力一方的义务

声称受到不可抗力的一方必须在知道不可抗力事件发生之后尽可能立即书面通知另一方，并详细描述有关不可抗力事件或法律变更的发生和可能对该方履行在本协议义务产生的影响和预计影响结束的时间。同时提供另一方可能合理要求的任何其他信息。发生不可抗力事件时，任何一方必须各自承担由于不可抗力事件造成的支出和费用。

声称受到不可抗力的一方应在任何时候采取合理的行动，以避免或尽量减少不可抗力事件的影响。

第十二章　争议解决

12.1　协商解决争议

若双方对于由于本协议、在本协议项下或与本协议有关的或对其条款解释（包括关于其存在、有效或终止的任何问题），以及因履行本协议而产生的任何争议、分歧或索赔，都应尽力通过协商解决。

通过协商未能解决上述争议，则适用第12.2条的规定。

12.2　仲裁或者提起诉讼

若甲乙双方不能根据第12.1条规定解决争议，可依照适用法律通过仲裁途径解决；或者将该争议按照适用法律的规定，向有管辖权的人民法院提起诉讼。当适用法律对此类争议的解决方式做出明确结论时，依其结论处理。

第十三章　附　　则

13.1　协议签署

甲方、乙方签署本协议之代表均应在已经获得签署授权的情况下签署本协议，并在此前各方均已完成各自内部批准本协议的程序。

13.2　协议生效

本协议自甲乙双方代表签字并加盖公章之日起生效。本协议的补充协议以及附件是本协议的组成部分，与本协议具有同等效力。

13.3　协议修订

本协议有效存续期间，因适用法律法规及相关政策发生变化，导致本协议或本协议部分约定无法履行时，经双方协商一致可修订或签订补充协议。

13.4　协议可分割性

如果本协议任何条款不合法、无效或不能执行，或者被任何有管辖权的仲裁庭或法庭宣布为不合法、无效或不能执行，则其他条款仍然有效和可执行。

13.5　继续有效

本协议终止后，有关争议解决条款和在本协议规定终止后仍然有效的条款继续有效。

第十四章　适用法律及标准语言

14.1　本协议连同附件均用中文书写。正本______份由甲方、乙方各执______份，副本______份仍由上述各方各执______份。所有协议附件与本协议具有同等效力。

14.2　本协议受中华人民共和国法律管辖，并根据中华人民共和国法律解释。

第十五章　附　　件

附件一、甲方签约授权书

附件二、乙方签约授权书

附件三、特许经营区域范围图示

附件四、履约保函格式

附件五、项目和企业相关批准文件（建设用地规划许可证、土地使用证、初步设计审批、建设工程规划许可证、外国设计商的资质审查及设计合同、设计承包合同的批准、外国建设承包商资格审批和资质证书、建设施工合同备案、建设工程施工许可证、环保设施的验收、竣工验收、卫生许可证、土地复垦验收、管道燃气设施产权登记及其他权利登记、公司登记和营业执照、税务登记、财政登记、统计登记、海关登记备案、劳动管理有关事项、项目融资的批准和登记等）（注：请协议各方根据项目具体情况相应修改）

附件六、技术规范和要求

附件七、设施维护方案

附件八、保险（注：应包括但不限于，针对燃气设施安全、公共责任安全、用户安全购买维持适当的保险）

附件九、工程技术方案

附件十、管道燃气质量标准、供气服务标准

附件十一、安全管理标准

双方各自授权代表于______年____月____日签署本协议，以兹为证。

甲方：	乙方：
______________	______________
签字：	签字：
法定代表人/授权代表	法定代表人/授权代表
（公章）	（公章）

关于颁发《福建省管道燃气特许经营协议示范文本》的通知[1]

各设区市建设局，厦门市市政园林局，泉州市公用事业局：

根据《福建省燃气管理条例》要求，为加强燃气行业管理和安全管理，明确管道燃气特许经营协议内容，进一步规范管道燃气市场秩序，省厅制定了《福建省管道燃气特许经营协议示范文本》（详见附件），现予颁发，请遵照执行。执行中有何建议和意见，请迳与省厅城建处反馈。

福建省建设厅

二〇〇七年十二月二十八日

福建省管道燃气
特许经营协议示范文本

目　　录

① 参见福建省住房和城乡建设厅网站：http：//zjt. fujian. gov. cn/xxgk/zfxxgkzl/xxgkml/dfxfgzfgzhgfxwj/csjs_ 3792/200712/t20071228_ 2674738. htm，2019 年 12 月 20 日访问。

第一章　总　　则

1.1 为了保障社会公共利益和公共安全，根据《公司法》、《合同法》、建设部《市政公用事业特许经营管理办法》、《福建省燃气管理条例》及相关法律法规，由协议双方签署本协议。

1.2 协议双方为：

（1）甲方［设区的市、县（市）人民政府或者其授权的燃气行政主管部门］：______________________________

地址：______________________

法定代表人：______________________

职务：______________________。

（2）乙方（获得特许经营权的燃气经营企业）：______________

注册地点：______________________

注册号：______________________

法定代表人：______________________________

职务：___________________________________

国籍：__________________________________。

1.3　特许经营项目

本特许经营项目名称为______________________。

1.4　特许经营原则

甲乙双方应当遵循以下原则：

（1）公开、公平、公正和公共利益优先；

（2）遵守国家的法律法规；

（3）符合城市规划及燃气专业规划；

（4）使用户获得优质服务、公平和价格合理的燃气供应；

（5）有利于保障管道燃气安全稳定供应，提高管理和科技水平；

（6）有利于高效利用清洁能源，促进燃气事业的持续发展。

第二章　定义与解释

本协议中下列名词或术语的含义遵从本章定义的意义或解释。

2.1　法律：指所有适用的中国法律、行政法规、地方性法规、规章、司法解释及其他有法律约束力的规范性文件。

2.2　燃气：是指供给民用生活、商业经营和工业生产等用户使用的液化石油气、天然气、人工煤气等气体燃料。

2.3　管道燃气：以管道输送方式向用户提供燃气。

2.4　管道燃气业务：提供管道燃气及相关服务的经营业务。

2.5　燃气设施：是指专用于燃气生产、贮存、输配、销售的各种设施及附属设备，包括气源厂、门站、气化站（含瓶组站）、混气站、储配站、调压站、计量站、供应站、燃气管网及其附属设施的总称。

2.6　燃气管网设施：指在本协议规定的地域范围和业务范围内，用于输送燃气的干线、支线、庭院等管道及管道连接的调压站（箱）和为其配套的设备、设施。

2.7　燃气紧急事件：涉及管道燃气需要紧急采取非正常措施的事件，包括燃气爆炸、着火和泄漏等。

2.8　特许经营权：是指乙方在特许经营期限和特许经营地域范围内独家建设、运营管道燃气设施、以管道输送形式向用户供应燃气，并收取费用的权利。

2.9　不可抗力：是指不能预见、克服和避免的事件或情形，包括但不限于：

（1）雷电、地震、火山爆发、滑坡、水灾、暴雨、海啸、台风、龙卷风或旱灾；

（2）流行病、瘟疫；

（3）战争行为、入侵、武装冲突或外敌行为、封锁或军事力量的使用，暴乱或恐怖行为；

（4）全国性、地区性、城市性或行业性罢工；

（5）由于不能归因于乙方的原因造成的燃气质量恶化或供应不足。

第三章　特许经营权的授予和收回

3.1　授予

乙方必须依法取得管道燃气项目所在地人民政府授予的特许经营权及其颁发的管道燃气特许经营许可证，并与甲方签订特许经营协议。

3.2　履约担保

签订协议后____日内，乙方应向甲方提供双方能接受的信誉良好的金融机构出具的履约保函。

履约保函金额____________。（履约保函金可根据特许经营范围内用户数、用气量和用气性质等当地具体情况由协议双方商定。）乙方投资、建设达到特许经营项目估算投资的______%并供气后，可撤消该履约保函。

3.3　特许经营权期限

本协议之特许经营权有效期限为______年，自______年______月______日起至______年______月______日止。

3.4　特许经营权地域范围

本协议之特许经营权行使地域范围为________现行行政管辖区域内，东起______西至______止；北起______南至______止。乙方不得擅自扩展特许经营权地域范围。

3.5　特许经营业务范围

本协议规定之特许经营权的业务范围：以管道输送形式向用户供应________（包括天然气、液化石油气、人工煤气等气体燃料）；

3.6　特许经营权转让、出租、质押和担保

在特许经营期间，乙方不得将本特许经营权及相关权益转让、出租和质押给任何第三方，也不得擅自将燃气设施作为资产抵押向第三方承担担保责任。

3.7　特许经营权的收回

乙方在特许经营期间有下列行为之一的，甲方有权终止特许经营协议，并实施临时管理：

（1）无法满足本协议5.1要求或气源无法保障的；

（2）转让、出租、质押特许经营权的；

（3）违反特许经营协议约定擅自处置或者抵押保障供气的设施、设备的；

（4）存在重大安全隐患且拒不整改的；

（5）因管理不善，发生特别重大生产安全事故的；

（6）擅自停业、歇业的；

（7）法律、法规规定的其他情形。

实施临时管理期间，乙方应当接受临时管理，保障正常供气。

第四章　特许经营协议的终止

4.1　期限届满终止

特许经营期限届满时，特许经营协议自然终止。

4.2　提前终止

（1）因不可抗力或一方认为有必要时，经甲乙双方协商可以提前终止本协议，并签订提前终止协议。协商不能达成一致时，任何一方不得擅自提前终止本协议；

（2）因乙方违反本协议第3.7条约定，甲方终止本协议；

（3）因特许经营权被终止，双方终止执行本协议。

4.3　特许经营协议终止日

（1）特许经营期限届满日；

（2）提前终止协议生效日。

4.4　终止协议的补偿

特许经营权终止前，乙方应负责清偿其在特许经营期内形成的所有债务。特许经营权终止后，乙方经营的全部燃气管网及设施应移交给甲方，甲方对乙方移交设施给予补偿。

（1）自然终止、协商终止的补偿

按照甲乙双方共同委托的资产评估机构对乙方移交设施的评估值，给予补偿。

（2）特许经营权被提前终止的补偿

因乙方违约，甲方提前终止本协议，甲方委托中介机构对乙方投资建设和更新的管道燃气设施资产进行评估，扣除乙方违约所造成的直接和间接损失的款项后给予补偿。

4.5　燃气设施及资产移交

特许经营期限届满或者特许经营权被终止后，乙方应当在甲方规定的时间内，将维持燃气正常供应所必需的设施、资产及档案，在正常运行情况下移交甲方指定的单位。

乙方须向甲方移交的燃气管网及设施资产包括：

（1）特许经营范围内的全部燃气设施、设备；

（2）相关的运营手册、运营记录、燃气工程档案资料和其他保障正常供气的文件资料。

4.6　人员处置

协议终止前后，甲乙双方应按照约定及有关规定处置职工，保障企业正常生产及人员稳定。

第五章　燃气设施的建设、维护和更新

5.1　燃气设施建设

乙方在本协议签订____日内，依据燃气专业规划和特许经营权投标时的

承诺，制定特许经营区域范围内的具体项目实施计划，报甲方备案。该实施计划应包括管道燃气工程的投资计划、建设进度计划、供气时间、管道燃气气化率指标、建设资金筹措方案等。

乙方承诺：在本协议规定的特许经营区域范围内，按照实施计划投资建设管道燃气工程。本协议生效后______年内，达到____投资规模，自____年____月____日开始供气。

5.2　燃气设施建设用地

特许经营期间，乙方在特许经营区域范围内投资建设的燃气设施及其配套生产服务设施所占用的土地为公用事业用地，乙方按照城市基础设施用地交纳有关税费。未经审批，乙方不得变更该土地用途性质，也不得将该土地使用权转让和抵押。

5.3　燃气设施运行、维修及更新

特许经营期间，乙方应按照国家标准和地方标准以及相关规定，负责燃气设施运行、养护、维修及更新。

5.4　燃气设施征用及补偿

甲方因公共利益需要，依法征用燃气设施，乙方应予配合，甲方应给予乙方合理补偿。补偿包括：

（1）乙方为保持或恢复供气能力所需要的投资；

（2）乙方由此而需支付给燃气用户的合理补偿或赔偿。

第六章　燃气设施的权属与处置

6.1　资产权属

（1）谁投资谁所有；

（2）乙方负责对其经营区域范围内的燃气设施进行建设、养护、维修和更新，保证设施的良好运转。

6.2　处置权限

（1）资产处置以甲乙双方认定的中介机构对乙方资产评估的结果为依据；

（2）乙方不再拥有特许经营权时，其资产必须进行移交，并按评估结果获得合理补偿；

（3）乙方不得转让或擅自抵押保障供气的燃气设施。

第七章　股东及股权变化的处置

7.1　在特许经营期内，乙方的投资主体应保持稳定，其承担的有关责任和义务不得受股东及股权结构变化的影响。

7.2　在特许经营期内，乙方如改变股东及股权结构，应事先征得甲方同意。乙方控股股东擅自转让控股权的，甲方有权作出是否终止特许经营权的决定。

7.3　乙方的股东进行股权转让时，不得将所获得的特许经营权及其所衍生的权益作价转让，仅对其投入所形成的资产评估后转让，转让过程发生溢价部分不作为燃气销售价格调整的依据。

第八章　供气安全

8.1　燃气安全要求

甲乙双方必须遵守国家和地方有关安全的法律、法规、规章及政策性文件，乙方承诺燃气供应、运行、质量、安全、服务符合国家、行业和地方相关标准，对特许经营区域内的管道燃气供气安全负责。

8.2　燃气安全制度

乙方必须建立安全检查、维修维护、事故抢修以及安全责任等制度，健全燃气安全保障体系，制定各类突发事故的应急预案并组织演练，及时处理燃气设施故障和事故，确保正常安全供气。应急预案报甲方备案。

发生燃气生产安全事故，乙方应采取各种应急措施进行补救，尽量减少事故对用户和社会公众的影响，同时乙方必须按照国家有关安全管理规定向有关部门报告。

乙方要加强燃气安全巡检，消除安全隐患，对危及燃气设施安全的案情应及时制止，并报告有关部门，同时应进行宣传、解释、劝阻和书面告知违反规定的单位或个人进行整改。对逾期不改的，书面向甲方或行政执法部门报告。甲方接到乙方报告后，应及时协调执法部门予以查处。

8.3　管道燃气设施安全预防

乙方应严格执行《城镇燃气设施运行、维护和抢修安全技术规程》的规定，建立严格的运行、维护和抢修安全技术程序，对管道燃气设施和用户设施的运行状况及性能进行定期的巡检。必要时（发生自然灾害、重大安全事故等），乙方应对地下燃气管网进行安全质量评估，并将设施运行状况定期报告甲方。对居民用户的燃气设施安全检查每年至少一次，提出安全建议，并建立完整的检查档案；发现用户违反安全用气规定的，应当予以劝阻、制止，督促纠正。

乙方应在与用户签订的供用气合同中明确双方的安全责任。

8.4　强制保险

乙方应针对燃气设施安全购买保险。

8.5　应急抢修抢险

乙方要建立应急抢修抢险救灾预案和相应的组织、指挥、设备、物资等保障体系并保证在出现燃气应急事故时，保障体系能够正常启动。乙方要建立管道燃气设施应急抢修队伍，提供24小时紧急热线服务。配备抢修人员和防护用品、车辆器材、通信设备等，并向社会公布抢修电话。

8.6　燃气安全用气宣传

乙方应根据《城镇燃气设施运行、维护和抢修安全技术规程》要求，向管道燃气用户提供各种形式安全检查、宣传的服务，解答用户的燃气安全咨询，提高公众对管道燃气设施的保护意识。乙方必须制定有关安全使用规则，向用户发放安全用气手册，宣传安全使用常识，指导用户安全使用燃气；定期对用户的燃气计量仪表、管道及其附属设施、燃气器具使用情况进行检查，并及时更换达到国家规定使用期限的燃气计量仪表。

8.7　应急供气要求

乙方的燃气工程设施应满足国家和行业对应急供气的要求。

第九章　供气质量和服务标准

9.1　供气质量

乙方应当建立质量保证体系，保证所提供燃气的热值、组份、嗅味、压力、计量等符合国家有关标准。

9.2 服务标准

乙方应当对居民用户履行普遍服务义务，遵守相关服务标准和规范，公布并履行服务承诺。对提出使用管道燃气并符合供气条件和使用条件的居民用户，乙方应当与其签订供用气合同，明确双方的权利、义务及违约责任。

乙方应当根据用户的实际需要向用户提供业务热线、用户维修服务网点、营业接待、定期抄表、设施安装检修等综合服务，并确保能够达到燃气行业标准。

乙方因突发事故造成降压供气或者停止供气，应当及时报告甲方，并通知用户；因施工、检修等原因停止供气，应当提前二十四小时通知用户。恢复供气时间可以事先确定的，在停止供气的通知中同时告知恢复供气时间；无法事先确定的，应当在恢复供气前二十四小时通知用户。

乙方不得在二十一时至次日六时恢复供气，企业用户另有约定的除外。

第十章 价格与收费

10.1 燃气销售价格

管道燃气销售价格执行价格主管部门的规定。

10.2 收费

乙方的服务收费项目和标准，应当遵守有关价格的法律、法规。

10.3 燃气费计算

燃气费的计算可按体积计价，或者采用热能计价。

管道燃气的用气量，应当以经法定计量检定机构检定合格的燃气计量仪表的记录为准。

10.4 价格调整程序

因非乙方原因造成的经营成本发生重大变动时，经甲方核实后，乙方可提出管道燃气销售价格调整申请。

10.5 成本监管

甲方有权对管道燃气企业经营成本进行监管，乙方应予配合。

第十一章 权利和义务

11.1 甲方权利

（1）依照国家相关法律、法规及有关技术标准对乙方的特许经营业务进行监管；

（2）监督乙方实施特许经营协议内容，并可聘请中介机构对乙方的资产和经营状况进行评估，根据评估结果向乙方提出建议。乙方经连续两次评估不合格，甲方认定乙方不再具备履行本协议的能力时，有权提前终止本特许经营协议；

（3）受理用户对乙方的投诉，进行核实并依据法律、法规或本协议约定处理；

（4）在本特许经营地域范围内，因乙方原因无法满足供气需求的，甲方可调整特许经营区域范围；

（5）法律、法规及本协议规定的其他权利。

11.2 甲方义务

（1）在特许经营期间，非乙方原因，甲方不得在本协议约定的特许经营地域范围内授予第三方管道燃气特许经营权；

（2）维护特许经营范围内的燃气市场秩序；

（3）为乙方的特许经营提供必要的政策支持和扶持；

（4）甲方实施监督检查，不得妨碍乙方正常的生产经营活动；

（5）法律、法规及本协议规定的其他义务。

11.3 乙方权利

（1）本协议约定的特许经营地域范围内，乙方独家经营管道燃气业务；

（2）拥有特许经营权范围内的管道燃气的投资、发展权利；

（3）维护燃气管网安全运行的权利；

（4）对用户燃气设施不符合国家有关安全技术标准、存在安全隐患的、严重违反燃气供用气合同或者违法使用燃气的用户拒绝供气的权利；

（5）按有关规定向用户收取相关费用的权利；

（6）乙方承担甲方公益性指令任务造成经济损失的，有权获得相应的补偿；

（7）法律、法规及本协议规定的其他权利。

11.4　乙方义务

（1）制订管道燃气发展的远、近期投资计划，按照城市总体规划及燃气专业规划的要求组织投资建设；

（2）按照国家、行业、地方及企业标准提供燃气及相关服务；

（3）维护燃气管网设施正常运行，保证供气连续性。发生故障或者燃气安全事故时，应迅速抢修和援救；

（4）有普遍服务和持续经营义务，未经甲方同意，不得擅自决定中断供气、解散、歇业；

（5）接受甲方的日常监督管理及依照法律、法规、规章进行的临时接管和其他管制措施以及社会公众的监督；

（6）乙方有义务且必须就由于建设、运营和维护市政管道燃气设施而造成的环境污染及因此而导致的任何损害、费用、损失或责任，对甲方予以赔偿。但若所要求的损害、费用、损失或责任是由甲方违约所致或依本协议乙方不承担责任的环境污染除外；

（7）乙方必须将有关市政管道燃气设施设计、建设和运行的所有技术数据，包括设计报告、计算和设计文件、运行数据，在编制完成后立即提交给甲方，以使甲方能监督项目设施的设计、建设进度和设施的运行；

（8）在特许经营权被取消或终止后，应在授权主体规定的时间内，保证正常供应和服务的连续性。在移交用于维持特许经营业务正常运作所必需的资产及全部档案给甲方指定的单位时，对交接期间的安全、服务和人员安置承担全部责任。

（9）法律、法规及本协议规定的其他义务。

11.5　定期报告

乙方在特许经营期间，应当对下列事项向甲方做出定期报告：

（1）乙方应于每年的______月______日前向甲方提交上一年度的特许经营报告（内容包括特许经营资产情况、发展、管理、服务质量报告、经营计划的执行情况和企业基本状况等）、特许经营财务报告；

（2）乙方应于每年______月前向甲方提交上一年度的管道燃气质量检测报告；

（3）乙方应于每年______月前向甲方提交本年度管道燃气发展、气量、投资项目计划报告，年度经营计划；

乙方不出具定期报告，或定期报告有重大虚假内容的，甲方可根据其对正常供气或本协议的履行的影响程度，作出不损害公共利益或甲方利益的决定，乙方应予服从和执行。

11.6　临时报告

乙方应当在下列事项出现后十日内向甲方提交书面备案报告：

（1）乙方制订远期经营计划（如五年或十年经营计划）；

（2）乙方法定代表人、董事、监事、总经理、副总经理、财务总监、总工程师等高级管理人员的确定或变更；

（3）乙方董事会、监事会作出的有关特许经营业务的决议；

（4）乙方签署可能对公司特许经营业务有重大影响的合同、协议或意向书；

（5）发生影响燃气价格、安全、技术、质量、服务的重大事项；

（6）其他对公司特许经营业务有重大影响的事项。

第十二章　临时管理

12.1　乙方出现本协议3.7条行为之一的，经当地人民政府批准，甲方可以终止特许经营协议，对其实施临时管理。

12.2　甲方有权组织临时管理机构或委派管理人员或指定单位进驻乙方进行接管，并监管乙方的资金账户。

12.3　临时管理期间，乙方必须服从甲方对其工作人员、生产物资的调配，保障正常供气。

12.4　临时管理时间不得超过　个月。

第十三章　违　　约

13.1　赔偿责任

协议任何一方违反本协议的任一约定的行为，均为违约。违约方承担赔偿责任，包括对方因违约方的违约行为导致的向第三方支付的赔偿。

非违约方应当最大程度地减少因违约方违约引起的损失。

如部分损失是由于非违约方作为或不作为造成的，则应从获赔金额中扣除因此而造成的损失。

13.2 提前告知

乙方在知道或应该知道自己不再具备履行本协议能力时，应提前以书面形式向甲方告知自己真实情形，并协助甲方执行临时接管预案。乙方未及时通知甲方，造成损失或重大社会影响的，乙方及乙方责任人应承担相应法律责任。

13.3 合理补救

甲方认为乙方有致使其特许经营权被终止的行为时，应以书面形式向乙方告知，并应给予书面告知日后______日的补救期。乙方应在补救期内完成纠正或消除特许经营障碍，或在该期内对甲方的告知提出异议。甲方应于接到异议后______日内重新核实情况，并做出决定。

13.4 继续履行

违约金的追偿期，均自情形发生之日起至特许经营权终止后______年。除非构成协议的解除，针对本协议的任何违约责任的追究及责任承担，均不影响本协议的继续履行。

第十四章 不可抗力

14.1 不可抗力免责

由于不可抗力事件不能全部或部分履行其义务时，任何一方可中止履行其在本协议项下的义务（在不可抗力事件发生前已发生的应付未付义务除外）。

如果甲方或乙方按照上款中止履行义务，其必须在不可抗力事件结束后尽快恢复履行这些义务。

14.2 对不可抗力免责的限制

以下各项事件不构成不可抗力：

（1）因正常损耗、未适当维护设施设备或备用零部件存量不足而引起的设施设备故障或损坏；

（2）仅仅导致履约不经济的任何行为、事件或情况。

14.3 提出不可抗力一方的义务

声称受到不可抗力的一方必须在知道不可抗力事件发生之后尽可能立即书面通知另一方，并详细描述有关不可抗力事件或法律变更的发生和可能对该方履行在本协议义务产生的影响和预计影响结束的时间。同时提供另一方可能合理要求的任何其他信息。发生不可抗力事件时，任何一方必须各自承担由于不可抗力事件造成的支出和费用。

声称受到不可抗力的一方应在任何时候采取合理的行动，以避免或尽量减少不可抗力事件的影响。

第十五章　争议解决

15.1 协商解决争议

若双方对于由于本协议、在本协议项下或与本协议有关的或对其条款解释（包括关于其存在、有效或终止的任何问题），以及因履行本协议而产生的任何争议、分歧或索赔，都应尽力通过协商解决。

通过协商未能解决上述争议，则适用本协议15.2条的规定。

15.2 仲裁或诉讼

甲乙双方不愿通过协商、调解解决，或协商、调解不成时，可以按照本协议约定：（将不选定的解决方式划去）

（1）向______________________仲裁委员会申请仲裁。

（2）向______________________人民法院提起诉讼。

第十六章　附　　则

16.1 协议签署

甲方、乙方签署本协议之代表均应在已经获得签署授权的情况下签署本协议。

16.2 协议生效

本协议自甲乙双方代表签字并加盖公章之日起生效。本协议的补充协议以及附件是本协议的组成部分，与本协议具有同等效力。

16.3　协议修订

本协议有效存续期间，因适用法律法规及相关政策发生变化，导致本协议或本协议部分约定无法履行时，经双方协商一致可修订或签订补充协议。

16.4　协议可分割性

如果本协议任何条款不合法、无效或不能执行，或者被任何有管辖权的仲裁庭或法庭宣布为不合法、无效或不能执行，则其他条款仍然有效和可执行。

16.5　继续有效

本协议终止后，有关争议解决条款和在本协议规定终止后仍然有效的条款继续有效。

第十七章　适用法律及标准语言

17.1　本协议连同附件均用中文书写。正本______份由甲方、乙方各执______份，副本______份仍由上述各方各执______份。所有协议附件与本协议具有同等效力。

17.2　本协议受中华人民共和国法律管辖，并根据中华人民共和国法律解释。

第十八章　其　　他

由甲乙双方根据合同具体情况另外需要增加补充内容。

第十九章　附　　件

附件一、甲方签约授权书

附件二、乙方签约授权书

附件三、特许经营地域范围图示

附件四、履约保函

附件五、项目和企业相关批准文件（建设用地规划许可证、土地使用证、初步设计审批、建设工程规划许可证、建设工程施工许可证、竣工验收、公

司登记和企业法人营业执照、税务登记等）（注：由甲乙双方根据项目具体情况确定）

附件六、项目实施计划

附件七、供气服务承诺

附件八、技术标准规范

双方各自授权代表于______年____月____日在________签署本协议。

甲方（公章）：　　　　　　　乙方（公章）：

法定代表人/授权代表签字：　　　　法定代表人/授权代表签字：

图书在版编目（CIP）数据

燃气行业法律实务 / 郭娟，江海燕，黎永丰著. —北京：中国法制出版社，2020.5

ISBN 978-7-5216-1002-4

Ⅰ.①燃… Ⅱ.①郭…②江…③黎… Ⅲ.①天然气工业-能源法-研究-中国 Ⅳ.①D922.674

中国版本图书馆CIP数据核字（2020）第059217号

策划编辑/责任编辑 朱丹颖　　封面设计 杨泽江

燃气行业法律实务

RANQI HANGYE FALÜ SHIWU

著者/郭娟，江海燕，黎永丰

经销/新华书店

印刷/廊坊一二〇六印刷厂

开本/710毫米×1000毫米 16开　　印张/14.25 字数/216千

版次/2020年5月第1版　　2020年5月第1次印刷

中国法制出版社出版

书号 ISBN 978-7-5216-1002-4　　定价：56.00元

北京西单横二条2号

邮政编码 100031　　传真：010-66031119

网址：http：//www.zgfzs.com　　**编辑部电话：010-66067369**

市场营销部电话：010-66033393　　**邮购部电话：010-66033288**

（如有印装质量问题，请与本社印务部联系调换。电话：010-66032926）